MIX
Papier aus verantwortungsvollen Quellen
Paper from responsible sources
FSC® C105338

Johanna Grotendorst

Myanmar und ASEAN

Die Rolle der ASEAN im politischen „Wandel“ Myanmars

Diplomica Verlag GmbH

Grotendorst, Johanna: Myanmar und ASEAN: Die Rolle der ASEAN im politischen „Wandel“ Myanmars. Hamburg, Diplomica Verlag GmbH 2013

Buch-ISBN: 978-3-8428-6107-7
PDF-eBook-ISBN: 978-3-8428-1107-2
Druck/Herstellung: Diplomica® Verlag GmbH, Hamburg, 2013

Bibliografische Information der Deutschen Nationalbibliothek:
Die Deutsche Nationalbibliothek verzeichnet diese Publikation in der Deutschen Nationalbibliografie; detaillierte bibliografische Daten sind im Internet über http://dnb.d-nb.de abrufbar.

Hermannstal 119k, 22119 Hamburg
http://www.diplomica-verlag.de, Hamburg 2013
Printed in Germany

Inhaltsverzeichnis

I. Einleitung: Myanmar – vom "outpost of tyranny"[1] zur Demokratie?

> Wir sind auf dem richtigen Weg zur Demokratie... Wir haben das alles aber nicht gemacht, weil irgendjemand Druck auf uns ausgeübt hat. Wir haben es gemacht, weil wir überzeugt davon sind, dass es für unser Land notwendig war. (Staatspräsident Thein Sein)[2]

Seit August 2011 überraschte die burmesische Regierung unter Staatspräsident Thein Sein, die im März ihr Amt angetreten hatte, internationale Beobachter mit einer ganzen Reihe demokratischer Reformen. Vom „Wandel in Myanmar"[3] ist die Rede, von einer „Zeitenwende"[4] in der Geschichte des Landes oder einer politischen Neuausrichtung, wie es sie seit dem Staatsstreich von 1962 nicht mehr gegeben habe.[5] Seit dem damaligen Militärputsch herrschte in Myanmar eine autoritäre und repressive Militärregierung, zunächst unter Führung General Ne Wins und der *Burma Socialist Programme Party*.[6] Massenproteste gegen die Einparteienherrschaft 1988 wurden vom Militär blutig niedergeschlagen, das als *State Law and Order Restauration Council* (SLORC) die Macht übernahm.[7] 1990 fanden Parlamentswahlen statt, die die größte Oppositionspartei, die *National League for Democracy* (NLD) mit ihrer Vorsitzenden Aung San Suu Kyi haushoch gewann, doch das Militär weigerte sich die Macht abzugeben, verhaftete viele Oppositionelle und führte seine repressive Herrschaft fort.[8]

Unter der Militärdiktatur seit 1962 war es jahrzehntelang zu systematischen und schwerwiegenden Menschenrechtsverletzungen gekommen, sodass Myanmar als ein Land mit einer der schlechtesten Menschenrechtsbilanzen weltweit galt.[9] Das Recht auf freie Meinungsäußerung und die Pressefreiheit wurden durch eine strenge Zensur systematisch verletzt. Oppositionelle waren Repressionen ausgesetzt, wurden regelmäßig ohne Haftbefehl oder faires Verfahren verhaftet, unter Folter verhört, und waren unter menschenunwürdigen Bedingungen jahrelang in Gefängnissen inhaftiert.[10] Besonders problematisch war die Menschenrechtslage in den von ethnischen Minderheiten bewohnten Gebieten, in denen die burmesische Armee Krieg gegen ethnische Rebellentruppen führte. Im Zuge dieser „Aufstandsbekämpfung" wurden ganze Dörfer und das dazugehörige Land verwüstet und die Bewohner vertrieben, Millionen Menschen flohen.[11] Die

---

[1] Myanmar und fünf weitere Staaten wurden so von Condoleezza Rice in der Anhörung anlässlich ihrer Ernennung zur Außenministerin vor dem *US Senate Committee on Foreign Relations* am 18.01.2005 bezeichnet. Vgl. BBC News 19.01.2005.
[2] Zitiert in: Günsche 2012: o.S.
[3] Figge 2011: 2.
[4] Effner / Schulz 2012: 2.
[5] Vgl. Boisseau du Rocher 2012: 1.
[6] Vgl. Cook 2010: 436f.
[7] Vgl. Arendshorst 2009: 103f.
[8] Vgl. Cook 2010: 437. 1997 wurde der SLORC in State Peace and Development Council (SPDC) umbenannt.
[9] Vgl. Roberts 2010: 56.
[10] Vgl. Amnesty international 2007, 2010.
[11] Vgl. Arendshorst 2009: 105f.

Vertreibungen waren begleitet von extralegalen Hinrichtungen, „Verschwindenlassen", Zwangsarbeit, der Rekrutierung von Kindersoldaten und Massenvergewaltigungen.[12]

Im Jahr 2003 kündigte der damalige Premierminister General Khin Nyunt einen Fahrplan für die Transition Myanmars zu einer „gelenkten Demokratie" an, als deren erster Schritt die seit 1996 suspendierte Nationalversammlung wieder einberufen wurde, um eine Verfassung auszuarbeiten.[13] Diese Verfassung, die für das Militär weiterhin eine Schlüsselposition im politischen System Myanmars vorsieht, trat 2008 in Kraft.[14] Im November 2010 fanden Parlamentswahlen statt, diese wurden jedoch aufgrund diskriminierender Wahlgesetze von der NLD boykottiert und verliefen nicht frei und fair.[15] Die Hoffnungen auf einen tatsächlichen Wandel nach der offiziellen Übergabe der Regierung von der Militärjunta an den durch das Parlament gewählten Präsidenten im März 2011 waren deshalb gering, zumal Präsident Thein Sein bis zum Frühjahr 2010 selbst Angehöriger des Militärs gewesen war.[16]

Doch leitete die neue – zumindest formell zivile – Regierung eine Reihe tiefgreifender politischer Reformen ein, öffnete das Land nach außen und nahm Gespräche mit Vertretern der Opposition und der ethnischen Minderheiten auf.[17] Von großer Symbolkraft für die politische Liberalisierung des Landes waren die Nachwahlen im April 2012, die die NLD haushoch gewann und damit zur größten Oppositionspartei im Parlament wurde.[18] Auch die Menschenrechtssituation im Land verbesserte sich. Viele politische Gefangene wurden freigelassen, und neue Gesetze verbesserten die Gewährleistung von Meinungs-, Versammlungs- und Pressefreiheit. Im Friedensprozess mit den ethnischen Minderheiten gab es zudem bedeutende Fortschritte, so dass auch in den bisher von Kämpfen betroffenen Gebieten begründete Hoffnung auf eine merkliche Abnahme der Menschenrechtsverletzungen besteht.[19]

Somit sind, auch wenn es weiterhin zu schwerwiegenden Menschenrechtsverletzungen in Myanmar gerade gegen Angehörige ethnischer Minderheiten kommt, erstmals seit fünfzig Jahren positive Veränderungen im Hinblick auf eine politische Liberalisierung des Landes und einer Verbesserung der Menschenrechtslage feststellbar. Damit stellt sich die Frage, wie es – nach fünfzig Jahren Militärdiktatur und systematischen Menschenrechtsverletzungen – zu so einem

[12] Vgl. Amnesty international 2010; Roberts 2010: 57-59.
[13] Vgl. Hofmeister 2010: 69.
[14] Vgl. Arendshorst 2009: 104.
[15] Vgl. Hofmeister / Duell 2012: 99f.
[16] Vgl. Hofmeister / Duell 2012: 100.
[17] Vgl. ICG Crisis Watch Februar 2011-Juli 2012.
[18] Vgl. ICG 2012: 1f. Die Nachwahlen fanden statt, weil 48 Abgeordnete ihr Mandat niedergelegt hatten, um als Minister oder Vize-Minister ein Regierungsamt zu übernehmen. Laut Verfassung dürfen Abgeordnete nicht gleichzeitig ein Regierungsamt innehaben. Vgl. Effner / Schulz 2012: 3.
[19] Vgl. Amnesty international 2012a; ICG 2012: 3f.

veränderten Ausblick kommen konnte. *Wie ist der politische Wandel Myanmars 2011/ 2012 zu erklären?*

Sicherlich mangelte es nicht an westlichen Initiativen, das Regime in Yangon zu demokratischen Reformen, der Freilassung politischer Gefangener und einer Verbesserung der Menschenrechtssituation zu bewegen.[20] Insbesondere die USA und die Europäische Union (EU) verhängten scharfe Sanktionen; diese werden jedoch als ineffektiv beurteilt, politischen Wandel in Myanmar zu bewegen: sie hätten nur einen marginalen Einfluss auf die Militärjunta gehabt und nicht zu einer Verbesserung der Menschenrechtslage geführt.[21] Myanmar war so einerseits durch die Sanktionspolitik der westlichen Staaten international isoliert; gleichzeitig verfolgten die burmesischen Generäle selbst eine isolationistische Außenpolitik. Betont wurden stets die Bedeutung der Unabhängigkeit und Souveränität Myanmars, die durch die Neutralität des Landes bewahrt werden sollte.[22] Die selbstauferlegte Isolation Myanmars wandelte sich erst mit dem Beitritt des Landes in die *Association of Southeast Asian Nations* (ASEAN) 1997.[23]

Die ASEAN war 1967 von Indonesien, Malaysia, den Philippinen, Singapur und Thailand gegründet worden, mit dem Ziel Stabilität und Frieden in der Region sicherzustellen, den Einfluss externer Großmächte abzuwehren und wirtschaftlich zusammenzuarbeiten.[24] Die Förderung von Demokratie und Menschenrechten hingegen wurden weder im Gründungsdokument der ASEAN, der *Bangkok Declaration*, noch im 1976 abgeschlossenen *Treaty of Amity and Cooperation* erwähnt.[25] Festgeschrieben wurde jedoch das Prinzip der Nichteinmischung in die inneren Angelegenheiten anderer Staaten.[26] Dieses Prinzip untersagte Kritik am Verhalten einer Regierung gegenüber ihrem Volk und schloss somit Kritik an Menschenrechtsverletzungen in einem ASEAN-Mitgliedsstaat durch die anderen Mitglieder aus.[27] In den ersten dreißig Jahren ihrer Existenz befasste die ASEAN sich daher gar nicht mit Menschenrechten, doch nach 1997 gewann dieses Thema unter dem Einfluss der demokratischen Mitgliedsstaaten zunehmend an Bedeutung.[28] Das Nichteinmischungsprinzip wurde in Frage gestellt;[29] und mit dem *Hanoi Plan of Action* von 1998, dem Aktionsplan zur Erreichung der *ASEAN Vision 2020*, gelangten Menschenrechte zum ersten Mal auf die Agenda der ASEAN.[30] Im *Vientiane Action Programme* zum Bali Concord II wurden die Förderung und der Schutz von Menschenrechten schließlich als Aufgabe und Strategie der ASEAN

---

[20] Vgl. Haacke 2010: 158.
[21] Vgl. Boisseau du Rocher 2012: 10; Pedersen 2008: 220-243; Roberts 2010: 217-221.
[22] Vgl. Cook 2010: 444; McCarthy 2008: 912 – 915. McCarthy macht zugleich deutlich, dass trotz der offiziellen Position der Neutralität die Beziehungen zu China maßgeblich die außenpolitischen Erwägungen Myanmars bestimmten.
[23] Vgl. Cook 2010: 437.
[24] Vgl. Bangkok Declaration 1967; Ginbar 2010: 506.
[25] Vgl. Bangkok Declaration 1967; Treaty of Amity and Cooperation 1976.
[26] Vgl. Treaty of Amity and Cooperation 1976: Art. 2c.
[27] Vgl. Acharya 2001: 58.
[28] Vgl. Davies 2011: 6.
[29] Vgl. Haacke 2005: 189f.
[30] Vgl. Ha Noi Plan of Action 1998: 4.2, 4.8, 4.9.

herausgestellt.[31] Das Bekenntnis der ASEAN zu Menschenrechten und Demokratie erhielt mit der *ASEAN Charter* von 2007 einen rechtlich verbindlichen Status und wurde mit der Gründung der *ASEAN Intergovernmental Commission of Human Rights* (AICHR) in eine institutionelle Form gegossen.[32]

Die vorliegende Untersuchung fragt, ob ein Zusammenhang besteht zwischen der Rolle der ASEAN zur Förderung von Menschenrechten und Demokratie, und dem politischem Wandel in Myanmar. Als theoretischer Rahmen dient Finnemore und Sikkinks Modell des „Lebenszyklus von Normen", dessen zweite Stufe ein Prozess der Sozialisation von Staaten hinsichtlich bestimmter Normen darstellt. Desweiteren wird Finnemores Ansatz "International Organizations as Teachers of Norms" verwendet, der den erst genannten ergänzt. Aus diesem sozial-konstruktivistischen theoretischen Rahmen ergibt sich als Hypothese, dass der politische Wandel in Myanmar und die Verbesserung der Menschenrechtssituation (abhängige Variable) mit der Sozialisation Myanmars durch die ASEAN (unabhängige Variable) hinsichtlich entsprechender Normen über Menschenrechte und Demokratie erklärt werden kann.

Um diese Hypothese zu überprüfen wird die Methode des "process tracing" angewandt, eine Methode der Interpretation, mit der der Forscher den intervenierenden kausalen Prozess zwischen einer oder mehreren unabhängigen Variablen und der abhängigen Variable (dem "outcome") identifiziert.[33] Mit der Methode des "process tracing" fragt der Forscher "What has happened [to bring this about]?"[34], es sollen kausale Verbindungen zwischen unabhängiger und abhängiger Variablen im Sinne einer Abfolge mehrerer Schritte (eine „kausale Kette") erkannt werden.[35] Mit Hinblick auf die Forschungsfrage soll daher in dieser Untersuchung mit Hilfe des "process tracing" geklärt werden, ob die ASEAN als "teacher of norms" aufgetreten ist und inwiefern eine Sozialisation Myanmars durch die ASEAN als intervenierender kausaler Prozess identifiziert werden kann, der schließlich zum politischen Wandel im Land 2011/ 2012 geführt hat.

Nach der Darstellung des theoretischen Rahmens im zweiten Teil wird im dritten Teil die Beziehung zwischen ASEAN und Myanmar in ihren verschiedenen Phasen nachgezeichnet: in Teil III.1 wird das „konstruktive Engagement" der ASEAN mit Myanmar analysiert, das mit dem neuen Jahrtausend zu „verstärkten Interaktionen" ausgebaut wurde. Teil III.2 geht auf diese Phase in der Beziehung zwischen der ASEAN und Myanmar ein, bevor in Teil III.3 der Zeitraum von 2007 bis 2010 beleuchtet wird. Teil III.4 behandelt den Wandel in Myanmar in den Jahren 2011 und 2012 sowie die Reaktion der ASEAN darauf. Im abschließenden Teil IV wird sodann versucht, anhand

[31] Vgl. Vientiane Action Programme 2004: Art. 1.1 ii, Annex 1.1.4.
[32] Vgl. ASEAN Charter 2007: Präambel, Art. 2 (2) h, Art. 2 (2) i, Art. 14.
[33] Vgl. George / Bennett 2005: 205f.
[34] George / Bennett 2005: 226.
[35] Vgl. George / Bennett 2005: 226f.

der in Teil III gewonnenen Erkenntnisse zu schlussfolgern, ob die Sozialisation Myanmars in die ASEAN einen kausalen Effekt auf den Wandel in Myanmar gehabt hat. Ferner werden in Abschnitt IV.3 der theoretische Ansatz und die eigene Vorgehensweise kritisch beleuchtet und in IV.4 ein Ausblick für die zukünftige Entwicklung Myanmars und der ASEAN als "teacher of human rights norms" gewagt.

II. Theorieteil: Die Sozialisation von Staaten

In den 1980er Jahren rückten ideelle und soziale Erklärungsfaktoren in das Blickfeld der Politikwissenschaftlerlnnen, zunächst mit der Forschung zu internationalen Regimen und dann mit sozialkonstruktivistischen Ansätzen. Diese hinterfragten und ergänzten die auf materielle Faktoren abstellenden Erklärungen neorealistischer und neoliberaler Theorien.[36] Sozialkonstruktivistischen Theorien zufolge werden die Interessen, das Selbstverständnis und das Verhalten von Akteuren durch die Strukturen intersubjektiver Vorstellungen, Werte und Normen geformt.[37] Gleichzeitig werden die Strukturen durch die Akteure geformt: "agents and structures are mutually constitutive"[38].

Auch Staaten sind Teil einer – internationalen - sozialen Struktur, die ihre Wahrnehmung der Welt und ihrer eigenen Rolle in dieser, und ihre Präferenzen formt.[39] Werte, Normen und Regeln der sozialen Struktur legen die Standards angemessenen Verhaltens fest. Sie stellen Staaten damit Handlungsrichtungen und –ziele bereit und lenken ihr Verhalten in die Grenzen des „Akzeptierten".[40] Hervorzuheben ist die intersubjektive oder evaluative Dimension von Normen, definiert als "shared expectations about appropriate behavior held by a community of actors"[41] : die Akteure wissen nur in Bezug auf die Urteile einer Gemeinschaft von Akteuren, welches Verhalten angemessen ist. Normverletzendes Verhalten wird dadurch erkannt, dass es Ablehnung oder Stigmatisierung erzeugt, normkonformes Verhalten weil es entweder Lob oder gar keine Reaktion hervorruft, letzteres im Falle von stark internalisierten Normen mit "taken-for-granted"-Qualität.[42]

Innerhalb einer Gemeinschaft können Normen einen unterschiedlichen Grad an Zustimmung und Internalisierung erreicht haben.[43] Diese Dynamik haben Finnemore und Sikkink in ihrem dreistufigen „Normen-Lebenszyklus"-Modell beschrieben. Auf der ersten Stufe ("norm emergence") versuchen "norm entrepreneurs"[44] Staaten davon zu überzeugen, sich eine neue Norm zu eigen zu machen.[45] Wird ein bestimmter Schwellenwert erreicht (d.h. eine bedeutende Anzahl der Staaten übernimmt die Norm) kommt es zur „Normkaskade", die die zweite Stufe des „Norm-Lebenszyklus" kennzeichnet. In dieser Phase versuchen Staaten, die die Norm bereits übernommen haben, internationale Organisationen und Netzwerke von "norm entrepreneurs" weitere

[36] Vgl. Finnemore / Sikkink 1998: 889f.
[37] Vgl. Finnemore / Sikkink 2001: 391-396.
[38] Finnemore 1996: 24.
[39] Vgl. Finnemore 1996: 2.
[40] Vgl. Finnemore 1996: 28f.
[41] Finnemore 1996: 22.
[42] Vgl. Finnemore/ Sikkink 1998: 891f.
[43] Vgl. Finnemore / Sikkink 1998: 892.
[44] Als "norm entrepreneurs" werden Individuen und Gruppen bezeichnet, die zielgerichtete Anstrengungen unternehmen, bestehende soziale Normen in Frage zu stellen, sie zu verändern und/oder neue Normen durchzusetzen. Vgl. auch Finnemore / Sikkink 2001: 400.
[45] Vgl. Finnemore / Sikkink 1998: 895-900.

Staaten zur Annahme und Einhaltung der Norm zu sozialisieren.[46] Immer mehr Staaten übernehmen die Norm, selbst wenn es innenpolitisch keinen dahingehenden Druck gibt.[47] Auf der dritten Stufe sind Normen schließlich so internalisiert, dass sie nicht mehr hinterfragt und diskutiert werden, sondern als selbstverständlich gelten.[48]

Für die Fragestellung dieser Untersuchung ist insbesondere die zweite Stufe im Lebenszyklus von Normen, die Normkaskade, interessant, in der durch internationale oder regionale „Ansteckung" immer mehr Staaten die Norm übernehmen. Die „Ansteckung" erfolgt jedoch nicht passiv, sondern durch einen aktiven Prozess der internationalen Sozialisation, durch den normverletzende Staaten veranlasst werden zu normbeachtenden Staaten zu werden.[49] Andere Staaten versuchen die normverletzenden Staaten zu sozialisieren, indem sie diplomatisches Lob oder Tadel auf bilateraler oder multilateraler Ebene aussprechen, sowie materielle Sanktionen und Anreize anwenden. Auch Netzwerke von "norm entrepreneurs" und internationale Organisationen können auf die Sozialisation von Staaten hinsichtlich bestimmter Normen hinwirken. Sie üben Druck auf Staaten aus, die Norm in die nationale Gesetzgebung zu integrieren und internationale Verträge zu ratifizieren. Außerdem überwachen sie die Einhaltung von internationalen Standards und veröffentlichen Informationen über normverletzendes Verhalten.[50]

An anderer Stelle führt Finnemore speziell die Sozialisationsleistung von internationalen Organisationen weiter aus und zeigt in drei Fallstudien, durch welche Mechanismen und mit welchen Mitteln internationale Organisationen Staaten neue Normen „lehren" können.[51] So propagierte beispielsweise die *United Nations Educational Scientific and Cultural Organization* (UNESCO) die Norm, dass die Koordination von Wissenschaft eine Aufgabe des modernen Staates und dazu die Errichtung einer entsprechenden staatlichen Institution notwendig sei.[52] Um die Verbreitung und Umsetzung der Norm voranzutreiben, sie als „Standard angemessenen Verhaltens" zu etablieren, organisierte die UNESCO Konferenzen, führte Beratungsmissionen in einzelnen Ländern durch und sprach Empfehlungen an die Staaten aus.[53] Die verwendete Sprache war präskriptiv und normativ ("states should..."), die Organisation definierte den Standard angemessenen Verhaltens, indem sie Wissenschaftspolitik als angemessene und notwendige Funktion des modernen Staates darstellte.[54] In ihren Fallstudien macht Finnemore deutlich, dass internationale Organisationen die Präferenzen und das Verhalten von Staaten auf verschiedene Art und Weise beeinflussen können: mal

---

[46] Vgl. Finnemore / Sikkink 1998: 895; 901-904.
[47] Vgl. Finnemore / Sikkink 1998: 902.
[48] Vgl. Finnemore / Sikkink 1998: 895; 904f.
[49] Vgl. Finnemore / Sikkink 1998: 902.
[50] Vgl. Finnemore / Sikkink 1998: 902.
[51] Vgl. Finnemore 1993, 1996.
[52] Vgl. Finnemore 1993: 566.
[53] Vgl. Finnemore 1993: 581-586.
[54] Vgl. Finnemore 1993: 583.

war die Bürokratie der Organisationen entscheidend, mal moralische Prinzipien und Überzeugungskraft, im Fall der Weltbank aber auch Zwang.[55] Internationale Organisationen sind, anders als aus (neo-)realistischer Sicht, keine reinen "creations of states and servants of state interests"[56] sondern haben als "teacher of norms" eine aktive Rolle im Sozialisationsprozess. Insofern wird ihnen kausale Wirkung zugeschrieben.

Der Grund, warum Staaten dazu übergehen eine neue Norm zu akzeptieren und sich ihr entsprechend zu verhalten, liegt nach Finnemore und Sikkink in ihrer Identität als Mitglieder einer internationalen Gemeinschaft. Übernehmen in einer internationalen Gemeinschaft eine bedeutende Anzahl von Staaten die neue Norm, wird angemessenes Verhalten für die Mitglieder der Gruppe der Norm entsprechend neu definiert. Daher wird es für die Identität des Staates als Mitglied dieser Gruppe relevant, die neue Norm zu übernehmen. Die Annahme der Norm durch viele Staaten einer internationalen – oder auch regionalen – Staatengemeinschaft kann daher wie "peer pressure" gegenüber anderen Staaten wirken, die Norm ebenfalls zu akzeptieren.[57]

Die Motivation von Staaten auf einen solchen Sozialisationsdruck zu reagieren und die Norm zu übernehmen, lässt sich nach Finnemore und Sikkink mit dem Streben der Staaten nach Legitimation, Konformität und Wertschätzung erklären. Erstens streben Staaten nach internationaler Legitimation. Denn die Ablehnung eines Staats durch die internationale Gemeinschaft, wie sie z.B. in der Bezeichnung als „Schurkenstaat" zum Ausdruck kommt, bringt einen Verlust an Ansehen, Vertrauen und Glaubwürdigkeit mit sich und erschwert damit die internationalen Beziehungen des Staats. Zudem hängt die Wahrnehmung der Bürger über die Legitimität ihrer Regierung von deren internationaler Legitimation ab, in diesem Sinne strahlt diese auf die innenpolitische Ebene und die Fähigkeit der Regierung, im Amt zu bleiben, aus.[58] Zweitens streben Staaten nach Konformität, um zu zeigen, dass sie sich an ihre soziale Umgebung angepasst haben: indem ihr Verhalten mit dem der anderen Staaten der Gruppe übereinstimmt, zeigen sie, dass sie Teil dieser Gruppe sind.[59] Die Motivation des Strebens nach Wertschätzung kann zu normkonformen Verhalten führen, weil die politischen Eliten eines Staats möchten, dass andere eine positive Meinung über sie haben, und sie positiv über sich selbst denken wollen.[60] Finnemore und Sikkink betonen, dass die tatsächliche Motivation der Staaten zur Übernahme der Normen variieren kann, diese drei Faktoren eine Normkaskade jedoch erleichtern.[61]

[55] Vgl. Finnemore 1996: 22:
[56] Finnemore 1996: 13.
[57] Vgl. Finnemore / Sikkink 1998: 902f.
[58] Vgl. Finnemore / Sikkink 1998: 903.
[59] Vgl. Finnemore / Sikkink 1998: 903.
[60] Vgl. Finnemore / Sikkink 1998: 903.
[61] Vgl. Finnemore / Sikkink 1998: 895.

Durch die Sozialisation verändern Staaten ihr Verhalten in Konformität mit den entsprechenden Normen. Der international erzeugte normative Druck kann die staatliche Politik so in einer Vielzahl von Politikbereichen formen, auch zu Veränderung in der Gesetzgebung und den Verfassungen von Staaten führen, und ihre interne Struktur beeinflussen.[62] Die Ursache für verändertes Verhalten von Staaten oder Wandel in Staaten liegt nicht auf nationaler/ innenpolitischer, sondern auf der systemischen Ebene.[63] Aufgrund systemisch erzeugten Drucks – eben auch durch internationale Organisationen - werden Staaten hinsichtlich eines Standards angemessenen Verhaltens sozialisiert, und nehmen innenpolitische Veränderungen vor, um sich normkonform zu verhalten.

[62] Vgl. Finnemore 1993: 592f, 1996: 65.
[63] Vgl. Finnemore 1993: 566:

III. ASEAN und Myanmar

1. ASEAN und Myanmar 1992 – 2000: Konstruktives Engagement

1.1 Die Anfänge der Politik des „konstruktiven Engagements"

Nach der Darstellung der theoretischen Grundlagen sollen diese im Folgenden auf die ASEAN und Myanmar angewendet werden. Der Beginn der Versuche der Organisation, auf das Verhalten Myanmars Einfluss zu nehmen, ist noch vor dem Beitritt des Landes in die ASEAN anzusetzen. 1992 übernahm die ASEAN die ursprünglich thailändische Politik des „konstruktiven Engagements". Dieser Ansatz zielte darauf ab, durch eine politische und wirtschaftliche Einbindung Myanmars in die Region, und Kooperation zwischen ASEAN-Staaten und Myanmar in einer Vielzahl von Politikbereichen, politischen Wandel und eine allmähliche Verbesserung der Menschenrechtssituation im Land zu fördern.[64] Direkte und andauernde Kontakte zwischen Regierungsmitgliedern, freundliche "peer pressure", und „sanfte" Überzeugung sollten die Militärjunta zu akzeptablem Verhalten sozialisieren.[65] Ein Beamter des indonesischen Außenministeriums definierte konstruktives Engagement wie folgt:

> [w]e are telling them [the Myanmar regime] very quietly, in a Southeast Asian way, without any fanfare, without any public statements: ´Look, you are in trouble, let us help you. But you have to change, you cannot continue like this.`[66]

Dieser Ansatz setzte auf stille Diplomatie ohne öffentliche Stellungnahmen und „sanfte" Kritik im Privaten, und verzichtete auf jegliche Maßnahmen, die das Regime in Yangon beschämen (im Sinne eines "naming und shaming") oder isolieren würden.[67] Damit war die ASEAN-Politik des konstruktiven Engagements der Sanktions- und Isolationspolitik der westlichen Staaten diametral entgegengesetzt, die aus Sicht der ASEAN eine externe Einmischung in die inneren Angelegenheiten eines Staates darstellte.[68] Die Politik des konstruktiven Engagements hingegen wurde ausdrücklich so formuliert, dass das Prinzip der Nichteinmischung gewahrt werden würde.[69]

Die genaue Natur und die Reichweite dieser Politik blieben aber weithin im Dunklen, und es wurden auch keine weiteren Versuche von Seiten der ASEAN unternommen, „konstruktives Engagement" näher zu definieren oder Strategien zu entwickeln, wie auf das Ziel des allmählichen politischen Wandels in Myanmar hingewirkt werden könnte.[70] Auch bestanden unter den ASEAN

[64] Vgl. Arendshorst 2009: 112; Kingston 2008: 31.
[65] Vgl. Davies 2011: 6; Eldridge 2002: 82.
[66] Zitiert in: Acharya 2001: 109.
[67] Vgl. Acharya 1995: 175.
[68] Vgl. Acharya 1995: 174f.
[69] Vgl. Arendshorst 2009: 112.
[70] Vgl. Acharya 1995: 175; Eldridge 2002: 82.

Staaten Meinungsverschiedenheiten darüber, wie „konstruktives Engagement" zu verstehen sei.[71] Neben der Unklarheit über die Strategie des „konstruktiven Engagements" war auch die Position der ASEAN zu Menschenrechten nicht eindeutig. Die Diskussion über Menschenrechte in den ASEAN-Staaten wurde zu diesem Zeitpunkt von der "Asian values"-Debatte[72] geprägt, deren die universellen Menschenrechtsstandards relativierenden Argumente über die „spezifischen kulturellen Gegebenheiten" jeder Region sich auch in dem gemeinsamen Kommuniqué des 26. ASEAN Außenministertreffens wieder finden.[73] Andererseits bekräftigten die Außenminister der ASEAN ihr Bekenntnis zu Menschenrechten und Grundfreiheiten, wie sie in der Erklärung der Wiener Weltkonferenz über Menschenrechte niedergelegt worden waren, und versicherten, dass Verletzungen grundlegender Menschenrechte unter keinem Vorwand toleriert werden dürften.[74] In der Erklärung zeigt sich eine ähnliche Ambivalenz bezüglich der Rolle, die für die ASEAN im Menschenrechtsschutz vorgesehen wurde: auf der einen Seite wurde vereinbart, dass "ASEAN should coordinate a common approach on human rights and actively participate and contribute to the application, promotion and protection of human rights"[75] und die Einrichtung eines regionalen Menschenrechtsmechanismus in Erwägung gezogen werden sollte, doch auf der anderen Seite betonten die Außenminister, dass stets die Prinzipien nationaler Souveränität und der Nichteinmischung in die inneren Angelegenheiten gewahrt werden müssten.[76]

Wurde abseits der offiziellen Rhetorik vom „konstruktiven Engagement" wahrhaftig versucht auf die burmesische Militärregierung hinsichtlich demokratischer Reformen oder der Verbesserung der Menschenrechtslage Einfluss zu nehmen? Offizielle der ASEAN-Staaten behaupteten, im Privaten tatsächlich Druck auf Myanmar ausgeübt zu haben, und vertraten die Auffassung einige positive Resultate vorweisen zu können, wie die Freilassung einiger politischer Gefangener oder ein Wiedersehen von Aung San Suu Kyi mit ihrer Familie.[77] Doch die Unterordnung von Menschenrechtsschutz unter die Beschränkungen der ASEAN Normen, wie sie auch in der oben erwähnten Stellungnahme deutlich wurden, führte dazu, dass die ASEAN-Staaten mit dem Hinweis auf das Prinzip der Nichteinmischung argumentierten, dass die ASEAN für Menschenrechte nicht zuständig sei. Jede Diskussion über die Menschenrechtssituation wurde so unterbunden und das

---

[71] Vgl. Acharya 2001: 111f. Beispielsweise befürworteten Indonesien und die Philippinen Myanmar – als Maßnahme der Politik des konstruktiven Engagements- für das Außenministertreffen der ASEAN 1993 einen Beobachterstatus zu gewähren, während Malaysia dies aufgrund der Verfolgung der muslimischen ethnischen Minderheit der Rohingya in Myanmar strikt ablehnte.

[72] Die Befürworter von „Asian values" argumentierten, dass es regional spezifische kulturelle Werte gebe, die unvereinbar mit als „universell" proklamierten (Menschen-)Rechten seien. Zu den „spezifisch asiatischen" Werten gehörten demnach das Primat der Gemeinschaft über die Rechte des Individuums, der Respekt von Autorität, Hierarchie und Familie, und gesellschaftliche Harmonie und Stabilität. Der kulturelle Relativismus wurde häufig kombiniert mit einem Verständnis von Entwicklung, wonach der Staat zunächst die wirtschaftlichen Bedürfnisse der Bevölkerung befriedigen müsse, bevor weitergehende politische Freiheiten gewährt werden könnten. Vgl. Bauer/Bell 1999: 4-6; Eldridge 2002: 33; Acharya 1995: 171f.

[73] Vgl. ASEAN Joint Communiqué of the 26th ASEAN Ministerial Meeting 1993: Art. 16; 17.

[74] Vgl. ASEAN Joint Communiqué of the 26th ASEAN Ministerial Meeting 1993: Art. 16; 18.

[75] ASEAN Joint Communiqué of the 26th ASEAN Ministerial Meeting 1993: Art. 17.

[76] Vgl. ASEAN Joint Communiqué of the 26th ASEAN Ministerial Meeting 1993: Art. 17; 18.

[77] Vgl. Acharya 2001: 110.

Thema weitgehend ignoriert.[78] Dass ein effektiver Sozialisationsdruck auf Myanmar ausgeübt wurde kann nicht bestätigt werden,[79] und Cook urteilt, dass es vom Beginn der Politik des „konstruktiven Engagements" bis zu Myanmars Aufnahme in die ASEAN zu keinen nennenswerten Fortschritten im Land im Sinne einer Verbesserung der Menschenrechtslage oder demokratischen Reformen gekommen sei.[80]

1.2 Die Aufnahme Myanmars in die ASEAN

Eine Chance für die ASEAN, ihren Druck auf Myanmar zu verstärken ergab sich, als sich das Land ab 1995 um die Aufnahme in die ASEAN bemühte. Aber anders als die EU, die Demokratie und die Achtung von Menschenrechten zur Bedingung für den Beitritt macht,[81] müssen für die Aufnahme in die ASEAN keine materiellen Kriterien dieser Art erfüllt werden. Gemäß der *Bangkok Declaration* sind lediglich die geographische Lage in Südostasien und die Anerkennung der dort niedergelegten Ziele, Prinzipien, und Aufgaben für die Partizipation in der ASEAN erforderlich.[82] Daher konnte die ASEAN die Aufnahme Myanmars nicht aufgrund menschenrechtlicher Belange ablehnen oder politische Reformen im Land zur Bedingung für den Beitritt machen.[83] Auch verwies die ASEAN auf ihr Prinzip der Nichteinmischung in die inneren Angelegenheiten anderer Staaten; würde die Nichtaufnahme oder Verzögerung der Aufnahme Myanmars in die ASEAN mit der politischen Repression im Land gerechtfertigt, stelle dies einen Verstoß gegen das Nichteinmischungsprinzip dar.[84]

Unbeachtlich der schlechten Menschenrechtslage wurde Myanmar 1996 der offizielle Beobachterstatus und 1997 die Vollmitgliedschaft in der ASEAN gewährt. Im Grunde wurde der Beitritt Myanmars als eine Fortführung der Politik des „konstruktiven Engagements" betrachtet, derzufolge eben die Integration Myanmars - nicht Isolation oder Sanktionen – der wirkungsvollste Ansatz sei das Militärregime zu einer Modifikation seines Verhaltens zu bewegen.[85] So sagte der singapurische Außenminister Lee Kuan Yew:

> The military leaders can be persuaded to share power and gradually civilianize the government.... The West is impatient with Asean's constructive engagement and was puzzled when its leaders ad-

---

[78] Vgl. Kraft 2005: 11f.
[79] Vgl. Acharya 2001: 110.
[80] Vgl. Cook 2010: 440.
[81] Vgl. Vertrag über die Europäische Union: Art. 49 i.V.m. Art. 2.
[82] Vgl. Bangkok Declaration 1967: Punkt 4.
[83] Vgl. Severino 2006: 51.
[84] Vgl. Acharya 2001: 108. Neben den fehlenden normativen Grundlagen, Myanmar eine Mitgliedschaft zu verweigern, sprachen auch handfeste Interessen für eine Mitgliedschaft Myanmars. Es wurde angebracht, dass durch die Aufnahme Myanmars (zusammen mit Laos, Kambodscha und Vietnam) die Vision des „One Southeast Asia" verwirklicht werden würde; die ASEAN Staaten könnten die Bildung eines einheitlichen ökonomischen Blocks der ASEAN-10 vorantreiben; und der Stellenwert der ASEAN auf internationaler Bühne vergrößere sich. Zudem hofften den Einfluss Chinas auf Myanmar durch eine Aufnahme in die Organisation schwächen zu können. Vgl. Roberts 2010: 112; Severino 2006: 41f.; Than 2005: 86.

[85] Vgl. Roberts 2010: 113; Severino 2006: 134.

> mitted Myanmar as a member in July 1997. But what better way is there to have the country develop, open up and gradually change? [sic!] [86]

In der ASEAN wurden also durchaus die Hoffnung und der Anspruch formuliert, auf Wandel in Myanmar hinwirken zu können. Auch die Rhetorik Myanmars klang vielversprechend: so brachte der burmesische Außenminister U Ohn Gyaw im Beitrittsgesuch Myanmars seine Überzeugung zum Ausdruck, "that the integration of Myanmar into ASEAN [...] will also mean the fulfillment of the vision of the founding fathers of the Association since all ten Southeast Asian nations would be part of the ASEAN family"[87] und versprach auf der Beitrittszeremonie seinen Amtskollegen "to keep its ´house in order`"[88] um einen Reputationsverlust der ASEAN auf der internationalen Bühne zu vermeiden. Dass Myanmar ASEAN als Familie bezeichnete, sich selbst als Gruppenmitglied („Familienmitglied") charakterisierte und dadurch seine Bereitschaft zu erkennen gab, sein Verhalten in Bezug auf Normen dieser Gruppe anzupassen; dass die ASEAN Myanmar deswegen hinsichtlich gemeinsamer Vorstellungen von angemessenem Verhalten sozialisieren könnte, war daher eine äußerst optimistische, aber keine unbegründete Hoffnung und Erwartung der ASEAN-Staaten. Sie wurde bestärkt durch die Entlassung Aung San Suu Kyis aus dem Hausarrest, kurz nachdem Myanmar seine Absicht bekannt gegeben hatte dem Treaty of Amity and Cooperation beizutreten, und kurz vor dem folgenden ASEAN-Treffen in Brunei. Die Außenminister der ASEAN-Staaten sahen darin eine Bestätigung der Wirksamkeit ihrer Politik des „konstruktiven Engagements", die politische Liberalisierung Myanmars voranzutreiben.[89] Doch wie Aung San Suu Kyi selbst bemerkte:

> The question is for whom has it been constructive? Was it constructive for the forces of democracy? Was it constructive for the Burmese people in general? Was it constructive for a limited business community? Or was it constructive for SLORC?[90]

Aus der Sicht der Militärjunta war eine Mitgliedschaft in der ASEAN eben deshalb interessant, weil sie aufgrund der strikten Anwendung des Nichteinmischungsprinzips in der Organisation keine Kritik an ihrer Herrschaftspraxis fürchten musste. Im Gegenteil, die Aufnahme in die ASEAN verschaffte dem Militärregime internationale Legitimität und stärkte somit seine Position.[91]

---

[86] Zitiert in: Rahim 2008: 83.
[87] Zitiert in Severino 2006: 43.
[88] Zitiert in Roberts 2010: 196
[89] Vgl. Roberts 2010: 111.
[90] Zitiert in: Acharya 2001: 114.
[91] Vgl. Acharya 2001: 113f.; Davies 2011: 1; Kraft 2005: 13.

1.3 Die Infragestellung des Nichteinmischungsprinzips

Etwa zeitgleich mit dem Beitritt Myanmars gewannen menschenrechtliche Belange in der ASEAN zunehmend an Bedeutung. Die Philippinen, Thailand und nach dem Sturz Suhartos 1998 auch das sich demokratisierende Indonesien bemühten sich verstärkt darum, das Thema Menschenrechte auf die Agenda der Organisation zu setzen.[92] Dies schlug sich in der auf dem zweiten informellen ASEAN-Gipfel 1997 formulierten und mit dem *Hanoi Plan of Action* konkretisierten *ASEAN Vision 2020* nieder, die ASEAN als "community of caring societies"[93] entwarf. Der *Hanoi Plan of Action* sah einen verstärkten Informationsaustausch unter den ASEAN Staaten bezüglich ihrer Menschenrechtspolitik vor, mit der erklärten Absicht Menschenrechte und Grundfreiheiten zu fördern und zu schützen.[94] Gleichzeitig wurde die strenge Auslegung des Prinzips der Nichteinmischung von einigen Stimmen in der ASEAN in Frage gestellt. So schlug der thailändische Außenminister Surin Pitsuwan eine Modifikation des Nichteinmischungsprinzips im Sinne eines „flexiblen Engagements" vor, die es den ASEAN Staaten erlaubt hätte, die Politik eines Mitgliedsstaats zu diskutieren, falls diese Auswirkungen auf andere Mitgliedsstaaten oder die ASEAN als Ganzes habe.[95] Mit seinem Vorschlag hatte der thailändische Außenminister auch die problematische Menschenrechtslage in Myanmar im Blick; denn aus thailändischer Sicht war die Politik des „konstruktiven Engagements", das ja erklärtermaßen das Nichteinmischungsprinzip nicht berühren sollte, gescheitert.[96] Das Konzept des „flexiblen Engagements" wurde jedoch von einer überwältigenden Mehrheit der ASEAN-Staaten abgelehnt; auch von Myanmar, das befürchtete, dass „flexibles Engagement" zu bedeutend größerem Druck und unwillkommenen Kommentaren durch ASEAN zu der Menschenrechtssituation im Land, Fortschritten im politischen Reformprozess oder der Frage eines Dialogs mit Aung San Suu Kyi führen könnte.[97]

Trotz der Erweiterung der Agenda der ASEAN um Menschenrechte und trotz der Diskussionen um das „flexible Engagement" veränderte sich der Ansatz der ASEAN gegenüber Myanmar in den ersten Jahren nach dessen Beitritt nicht. Die ASEAN fuhr damit fort, jede Diskussion um Menschenrechtsschutz und Demokratie in den Mitgliedsstaaten zu vermeiden, und bewegte sich in der Praxis nicht von seiner Nichteinmischungs-Doktrin weg.[98] Auch die Einberufung der ASEAN Troika, die vom UN Generalsekretär Kofi Annan angesichts der sich zuspitzenden Auseinandersetzung zwischen der burmesischen Militärjunta und Oppositionsführerin Aung San Suu Kyi gefordert

---

[92] Vgl Davies 2011: 6.
[93] ASEAN Vision 2020 1997: o.Art.
[94] Vgl. Hanoi Plan of Action 1998: Punkt 4.8. Außerdem forderte der Hanoi Plan of Action die Mitgliedsstaaten zur Umsetzung der ASEAN Aktionspläne zur Armutsbekämpfung und zur Implementierung der Kinderrechtskonvention und der CEDAW auf. Vgl. Hanoi Plan of Action 1998: Punkte 4.1-4.9.
[95] Vgl. Haacke 2005: 188f.
[96] Vgl. David 2003: 373. Daneben bildeten die Umweltkatastrophe durch Haze mit seinen transnationalen Auswirkungen sowie die Asienkrise (Finanz- und Wirtschaftskrise) den Hintergrund, vor dem die Infragestellung des Nichteinmischungsprinzips zu sehen ist.
[97] Vgl. Haacke 2005: 182.
[98] Acharya 2004: 264.

worden war,[99] wurde von Vietnam als amtierendem Vorsitzenden der ASEAN mit dem Hinweis auf das Nichteinmischungsprinzip abgelehnt.[100]

1.4 Zwischenfazit: Veränderungen in Myanmar durch den Beitritt zur ASEAN?

Die Hoffnungen, dass die Militärjunta Myanmars sich nach der Integration in die ASEAN an deren „Standard angemessenen Verhaltens" anpassen, ihre repressive Politik abmildern und politische Reformen anstreben würde, hatten sich nicht erfüllt. Die Namensänderung der Militärregierung von *State Law and Order Restoration Council* (SLORC) zu *State Peace and Development Council* (SPDC)[101] vier Monate nach der Aufnahme Myanmars in die ASEAN war die einzige, rein kosmetische Veränderung. Ansonsten blieb die Menschenrechtssituation katastrophal. 1996, dem Jahr, in dem die ASEAN Myanmar Beobachterstatus gewährte, wurden fast 2000 Menschen aus politischen Gründen festgenommen.[102] Der SLORC bzw. der SPDC regierte mittels Kriegsrechtsdekreten, die die Versammlungsfreiheit und das Recht auf freie Meinungsäußerung drastisch einschränkten, und das Militär beging weiterhin systematische Menschenrechtsverletzungen gegen Angehörige ethnischer Minderheiten.[103] Die Militärjunta war sich anscheinend sehr sicher, dass die ASEAN aufgrund des Nichteinmischungsprinzips nichts unternehmen würde und sie ihre repressive Politik ungestört fortführen konnte. Zugleich verweigerte sie sich einer Anpassung an die Erwartungen angemessenen Verhaltens von Seiten der ASEAN:

> There has been little to show that membership has changed anything. From the very start the SPDC had always refused to accept the transformative goal of constructive engagement and had from the beginning of its engagement with ASEAN no intention of seriously considering suggestions even from its ASEAN partners on the institution of democratic reforms.[104]

Gleichzeitig waren die Bemühungen der ASEAN Myanmar hinsichtlich der Einhaltung von zumindest grundlegenden Menschenrechtsstandards und einer politischen Liberalisierung zu sozialisieren – wenn überhaupt vorhanden – äußerst schwach ausgeprägt. Trotz der größeren Akzeptanz von Menschenrechtsnormen, wie sie in der *ASEAN Vision 2020* und dem *Hanoi Plan of Action* zum Ausdruck kam, sah sich die ASEAN nicht als aktiven "teacher of human rights norms". Hinzu kam die immer noch übergeordnete Rolle des Nichteinmischungsgebots, das zwar in Frage gestellt, aber letztlich unangetastet blieb, und damit stärkeren Druck auf die Einhaltung von Normen verhinderte. Im Grunde genommen bewahrte die ASEAN Stillschweigen zu der problematischen

[99] Aung San Suu Kyi wurde auf dem Bahnhof in Yangon festgehalten, als sie die Hauptstadt verlassen wollte, und erneut unter Hausarrest gestellt, zahlreiche ihrer Anhänger wurden verhaftet.
[100] Vgl. Haacke 2005: 209.
[101] Vgl. Severino 2006: 135.
[102] Vgl. Amnesty international 1997.
[103] Vgl. Amnesty international 1997, 1998, 1999, 2000.
[104] Kraft 2005: 12.

Situation, zumindest in den offiziellen Stellungnahmen.[105] Die Politik des „konstruktiven Engagements" scheiterte somit, eine Verhaltensänderung des Regimes herbeizuführen. Im Gegenteil, die Aufnahme in die ASEAN verschaffte dem Militärregime Rückendeckung gegen internationale Kritik und stärkte seine Position.

---

[105] So erwähnen die Kommuniqués , die die ASEAN Außenminister zu ihren Treffen 1998, 1999 und 2000 herausgaben die Situation in Myanmar nicht. Vgl. ASEAN Joint Communiqué of the 31st ASEAN Ministerial Meeting 1998; ASEAN Joint Communiqué of the 32nd ASEAN Ministerial Meeting 1999; ASEAN Joint Communiqué of the 33rd ASEAN Ministerial Meeting.

2. ASEAN und Myanmar 2000-2006: „Verstärkte Interaktionen"

2.1 Erste Kritik nach dem Vorfall von Depayin

2001 und 2002 konnten einige „versöhnliche Gesten" der Militärjunta gegenüber der Opposition beobachtet werden. In diesem Zeitraum wurden etwa 500 politische Gefangene freigelassen, das Zusammentreten des NLD-Kongresses wurde erlaubt, Gespräche zwischen dem SPDC und Aung San Suu Kyi fanden statt und im Mai 2002 wurde der Hausarrest gegen die Oppositionsführerin aufgehoben.[106] Than deutete dies als Anzeichen dafür, dass sich die Militärjunta empfänglich für die Erwartungen der ASEAN zeigte.[107] Im Kommuniqué zum ASEAN-Außenministertreffen wurden die positiven Entwicklungen des Jahres 2001 mit folgenden Worten begrüßt:

> We noted encouraging developments in the Union of Myanmar and appreciated the efforts of the Government of Myanmar towards these developments and reiterated our support to the on-going process of national reconciliation in this country.[108]

Diese Stellungnahme der ASEAN Außenminister ist deshalb bemerkenswert, weil sie die innenpolitischen Entwicklungen eines Mitgliedsstaats kommentierte und damit eine Abkehr von einer sehr strikten Auslegung des Nichteinmischungsprinzips darstellt. Nachdem der thailändische Vorstoß des „flexiblen Engagements" abgelehnt worden war, hatten sich die Außenminister der ASEAN auf "enhanced interactions" (verstärkte Interaktionen) geeinigt, wonach zwar einzelne Mitgliedsstaaten in ihrer Außenpolitik die inneren Angelegenheiten anderer Staaten kommentieren konnten, nicht aber – wie vom „flexiblen Engagement" vorgesehen, die ASEAN als Ganzes.[109] Doch immer mehr setzte sich in der ASEAN die Vorstellung durch, dass auch die ASEAN als Kollektiv die inneren Angelegenheiten ihrer Mitgliedsstaaten ansprechen dürfte, wenn diese Auswirkungen auf andere Mitgliedsstaaten oder auf die ASEAN als Organisation hätten.[110] Mit diesem neuen Verständnis ihrer Rolle und der neuen Möglichkeiten sich „einzumischen" hatte die ASEAN von nun an das Potential zu intrusiveren Sozialisationsbemühungen und zur verstärkten Ausübung von "peer pressure". Wenig später wurden mit dem *ASEAN Concord II* 2003 und dem *Vientiane Action Programme* 2004 die Förderung und der Schutz von Menschenrechten als Aufgabe der ASEAN festgeschrieben,[111] und somit in die ASEAN-Strukturen integriert. Damit war zumindest die

---

[106] Vgl. Amnesty international 2002, 2003; Than 2005: 109.

[107] Vgl. Than 2005: 109. Thans optimistische Einschätzung sollte jedoch durch den Vorfall von Depayin im folgenden Jahr konterkariert werden.

[108] ASEAN Joint Communiqué of the 34th ASEAN Ministerial Meeting 2001: Punkt 17.

[109] Vgl. Haacke 2005: 189f.

[110] Vgl. Haacke 2005: 189- 207. Das Konzept der "enhanced interactions", bezogen auf die ASEAN als Ganzes, äußerte sich auch in institutionellen und prozeduralen Neuerungen in der ASEAN: den ASEAN Surveillance Process, den „ministers' retreat" und die ASEAN Troika. Es ist jedoch zu betonen, dass „flexibles Engagement" und „verstärkte Interaktionen" zwar die Auslegung und Praxis, nicht aber das Prinzip der Nichteinmischung an sich in Frage stellten.

[111] Vgl. Vientiane Action Programme 2004: Art. 1.1 ii, Annex 1.14. Mit dem Bali Concord II hatten sich die ASEAN Staaten 2003 auf eine Stärkung der ASEAN Gemeinschaft bis 2020 in den Bereichen Sicherheit (ASEAN Security community), Wirtschaft (ASEAN economic community) und Kultur (ASEAN sociocultural community) verständigt. Das Vientiane Action Programme legte Ziele und Strategien für jeden dieser Bereiche fest. Vorgesehene Maßnahmen im Bereich Menschenrechte umfassten die Gründung eines Kooperationsnetzwerkes zwischen bereits bestehenden Menschenrechtsmechanismen in den ASEAN Staaten; ein ASEAN Mechanismus für den Schutz

normative Grundlage dafür gelegt, dass die ASEAN eine klarere Rolle als "teacher of human rights norms" einnehmen können würde.

Vor diesem Hintergrund sind auch der verschärfte Ton und die konkreteren Forderungen an Myanmar zu sehen, die in den Kommuniqués der folgenden Außenministertreffen zu beobachten sind.[112] Zum kritischeren Standpunkt der ASEAN gegenüber Myanmar trug maßgeblich der Überfall auf eine Gruppe führender Mitglieder der NLD, darunter Aung San Suu Kyi, durch Anhänger der Militärregierung im Mai 2003 in Depayin bei.[113] Im Rahmen des nächsten "ministers' retreat" im Juni stellten die ASEAN-Außenminister klar, dass diese Vorfälle nicht nur einen Rückschlag für Myanmar, sondern auch für die ASEAN bedeute, denn sie unterminierten die internationale Reputation der Organisation. Sie betrafen daher die ASEAN als regionale Gruppe – und waren nicht mehr eine rein innerstaatliche Angelegenheit.[114] Im Kommuniqué des nächsten Außenministertreffens kommentierten die Außenminister der ASEAN die Ereignisse von Depayin wie folgt:

> We discussed the recent political developments in Myanmar, particularly the incident of 30 May 2003. We noted the efforts of the Government of Myanmar to promote peace and development. In this connection, we urged Myanmar to resume its efforts of national reconciliation and dialogue among all parties concerned leading to a peaceful transition to democracy. We welcomed the assurances given by Myanmar that the measures taken following the incident were temporary and looked forward to the early lifting of restrictions placed on Daw Aung San Suu Kyi and the NLD members.[115]

Diese Stellungnahme ist erstens deshalb bemerkenswert, weil sie die innenpolitische Entwicklung in einem Mitgliedsstaat öffentlich kommentierte, und zweitens für die deutlich kritische Botschaft, die in ihr steckt. Zwar wurde die Kritik am Vorgehen der Militärjunta abgemildert ("noted the efforts of the Government of Myanmar to promote peace and development", "looked forward to the early lifting of restrictions") doch die Erwartungen der anderen ASEAN-Staaten an Myanmar waren eindeutig: Aufhebung der Restriktionen gegen die Mitglieder der Opposition, substantielle Bemühungen im Friedensprozess, und Dialog mit allen politischen Kräften mit dem Ziel der Transition zur Demokratie. Die Geduld der anderen ASEAN-Staaten mit der Militärjunta und ihre Bereitschaft, über die schwerwiegenden Menschenrechtsverletzungen und den Mangel an Fortschritten im politischen Reformprozess in Myanmar hinwegzusehen, und den Reputationsverlust der ASEAN in Kauf zu nehmen, schwand. Insofern läutete die Reaktion der ASEAN auf die Vorfälle von Depayin ein offeneres und kritischeres Engagement mit Myanmar ein.[116]

---

der Rechte von Migranten; sowie die Gründung einer ASEAN Kommission für die Förderung und den Schutz der Rechte von Frauen und Kindern.

[112] Vgl. Davies 2011: 7

[113] Vgl. Amnesty international 2004; Haacke 2010: 159; McCarthy 2008: 919. Nach dem Überfall wurden alle Büros der NLD geschlossen, etwa 500 Unterstützer der NLD festgenommen, Aung San Suu Kyi wurde zunächst in „Schutzhaft" genommen, dann unter Hausarrest gestellt.

[114] Vgl. Haacke 2005: 192, 200f.

[115] ASEAN Joint Communiqué of the 36th ASEAN Ministerial Meeting 2003: Punkt 18.

[116] Vgl. Haacke 2010: 159.

2.2 Die "Roadmap towards democracy"

Vor dem Hintergrund des Vorfalls von Depayin schlug Malaysias Premier Dr. Mahathir sogar vor, dass die ASEAN als letzten Ausweg den Ausschluss Myanmars in Betracht ziehen solle, wenn die burmesische Militärregierung Aung San Suu Kyi nicht freilasse und politische Reformen durchführe. Er argumentierte, dass die ASEAN das Recht habe, von Myanmar die Einhaltung von Verhaltensstandards in Bezug auf seine Regierungsführung zu verlangen, da die Situation in Myanmar der Reputation der ASEAN schade.[117] Thailand lehnte die Androhung des Ausschlusses zwar ab, betrachtete die festgefahrene Situation in Myanmar aber ebenfalls als Angelegenheit der ASEAN, und schlug einen „Fahrplan" für die Freilassung Aung San Suu Kyis und die Transition Myanmars zur Demokratie vor.[118] In beiden Vorschlägen werden Bemühungen von ASEAN Staaten, die sozialisierende Rolle der ASEAN zu verstärken, sichtbar.

Als Reaktion auf diesen Druck und um weiterer Kritik zuvorzukommen, kündigte der burmesische Premierminister General Khin Nyunt im August einen eigenen siebenstufigen „Fahrplan" für den Übergang zu einer „disziplinierten" Demokratie an, dessen erster Schritt die Wiedereinberufung der Nationalversammlung sein sollte.[119] Nach der Umwandlung von Aung San Suu Kyis Haftstrafe in Hausarrest und der Ankündigung dieses „Fahrplans" zeigten sich die ASEAN-Staaten auf dem 9. ASEAN Gipfel im Oktober 2003 besänftigt:

> The Leaders welcomed the recent positive developments in Myanmar and the Government's pledge to bring about a transition to democracy through dialogue and reconciliation. The roadmap as outlined by the Prime Minister of Myanmar that would involve all strata of Myanmar society is a pragmatic approach and deserves understanding and support. The Leaders also agree that sanctions are not helpful in promoting peace and stability essential for democracy to take root.[120]

Auf die Kritik der ASEAN, als die Militärregierung mit den Vorfällen von Depayin gegen die Standards angemessenen Verhaltens verstieß, folgte somit diplomatisches Lob, als sich Myanmar in die Richtung normkonformen Verhaltens (Transition zur Demokratie) bewegte. Zudem wird in beiden Stellungnahmen deutlich, dass die ASEAN versuchte auf der einen Seite unterstützend auf einen politischen Reformprozess hinzuwirken, indem es die Bemühungen Myanmars anerkannte. Auf der anderen Seite stellte die Organisation heraus, was sie von Myanmar erwartete: die Einbeziehung aller Strömungen der Gesellschaft (d.h. auch der Opposition) in einen Dialog, Fortschritte im nationalen Versöhnungsprozess, und Übergang zur Demokratie. Myanmar wurde auf diese Weise wiederholt mit diesen Normen - dem Standard angemessenen Verhaltens der Gemeinschaft - konfrontiert.

---

[117] Vgl. Roberts 2010: 117.
[118] Vgl. Haacke 2005: 193.
[119] Vgl. Haacke 2005: 193f, 2010: 156. Im Originalzitat "discipline-flourishing democracy".
[120] Press Statement by the Chairperson of the 9th ASEAN Summit 2003: Punkt 25.

Im Oktober 2004 wurde jedoch der als pragmatisch und weltoffen geltende Premierminister General Khin Nyunt, der den „Fahrplan zur Demokratie“ initiiert hatte, gestürzt und durch den Hardliner General Soe Win ersetzt.[121] Doch trotz der Bedenken, dass dieser Machtwechsel den Reformprozess unterminieren und eine verstärkte Repression gegen die Opposition im Land bedeuten könne, wurde die Entwicklung in Myanmar auf dem ASEAN-Gipfel einen Monat später nicht angesprochen.[122] Auch die Verlängerung von Aung San Suu Kyis Hausarrest um ein weiteres Jahr genau zu dem Zeitpunkt des Gipfels wurde nicht kritisiert. Sozialisationsdruck gegenüber Myanmar wurde also nur inkonsequent angewandt.[123]

2.3 Die Diskussion um den ASEAN-Vorsitz

In den darauffolgenden Monaten erfüllten sich die Hoffnungen der ASEAN auf eine positive politische Entwicklung in Myanmar nicht. Die Generäle versuchten ganz offensichtlich den politischen Reformprozess hinauszuzögern.[124] Beratungen der Nationalversammlung machten nur langsam Fortschritte und wurden immer wieder ausgesetzt, substantielle Zugeständnisse der Militärjunta hinsichtlich der Abhaltung von Wahlen oder eines *power-sharing arrangements* mit der NLD ließen auf sich warten, und auch die Menschenrechtslage blieb äußerst problematisch.[125] Angesichts des stockenden Reformprozesses äußerten einige ASEAN-Mitglieder – insbesondere Malaysia, Singapur und Indonesien – ihre Bedenken darüber, dass Myanmar im nächsten Jahr an der Reihe war den Vorsitz der ASEAN zu übernehmen.[126] Sie sahen die Gefahr, dass das internationale Ansehen der ASEAN erheblich durch den Vorsitz Myanmars beschädigt werden könnte, zumal die USA und die EU gedroht hatten, Treffen mit der ASEAN unter dem Vorsitz Myanmars zu boykottieren.[127] In der Folge übten die anderen ASEAN-Staaten in bilateraler und multilateraler Diplomatie erheblichen Druck auf den SPDC aus, auf den Vorsitz zu verzichten, betonten dabei aber stets, dass die Entscheidung bei Myanmar liege und sie sich nicht in die inneren Angelegenheiten des Staats einmischen würden.[128]

Dieser Druck der ASEAN auf Myanmar war letztlich von Erfolg gekrönt: auf dem Außenministertreffen im Juli 2005 informierte der burmesische Außenminister seine Kollegen, dass die Regierung Myanmars die Entscheidung getroffen habe, auf den ASEAN-Vorsitz zu verzichten, um sich auf „den nationalen Versöhnungs- und Demokratisierungsprozess zu konzentrieren“[129] – diese

[121] Vgl. McCarthy 2008: 922.
[122] Vgl. Haacke 2005: 194-198.
[123] Vgl. Haacke 2005: 194.
[124] Vgl. McCarthy 2008: 923.
[125] Vgl. Amnesty international 2005, 2006; Haacke 2008a: 135; Poole 2007: 13.
[126] Vgl. McCarthy 2008: 923.
[127] Vgl. Roberts 2010: 120.
[128] Vgl. Poole 2007: 15f; Haacke 2010: 160.
[129] ASEAN Joint Communiqué of the 38th ASEAN Ministerial Meeting 2005: Punkt 70. [eigene Übersetzung]

Begründung war als gesichtswahrende Lösung gefunden worden. Die Außenminister betonten ihr Verständnis und dankten Myanmar "for not allowing its national preoccupation to affect ASEAN's solidarity and cohesiveness"[130]. Die Frage des Vorsitzes zeigte so einerseits, dass die ASEAN fähig war, erheblichen Druck auf Myanmar auszuüben und die Militärregierung zu Zugeständnissen zu bewegen. Zudem wurde deutlich, dass das normverletzende Verhalten Myanmars negative Konsequenzen für das Land in seiner Stellung als ASEAN-Mitglied nach sich zog. Andererseits beschränkte sich die Ausübung des Drucks und sein Erfolg auf die Frage des Vorsitzes: in der gemeinsamen Stellungnahme des ASEAN-Außenministertreffens entfiel jegliche Kritik am stockenden Reformprozess und der schwierigen Situation in Myanmar.[131] Dass die ASEAN auf Kritik des normverletzenden Verhaltens Myanmar verzichtete (bzw. bereit war diese beiseite zu schieben, weil Myanmar im Gegenzug auf den Vorsitz verzichtete), zeigte, dass die ASEAN der Wahrung der ASEAN Reputation den Vorrang gab vor ihrer Rolle als "teacher of human rights norms".

Doch angesichts der Stagnation in Myanmar sahen sich die anderen ASEAN-Staaten noch im selben Jahr dazu gedrängt, sich zur inneren Situation im Land zu äußern. Auf dem ASEAN Gipfel im Dezember 2005 machten sie ihre Unzufriedenheit sehr deutlich: sie forderten Myanmar dazu auf, die Implementierung des „Fahrplans zur Demokratie" zu beschleunigen und die Gefangenen freizulassen.[132] Letzteres stellte die erste explizite Forderung der ASEAN an einen Mitgliedsstaat in Bezug auf ein Menschenrechtsproblem dar. Ferner begrüßten die ASEAN-Staaten auf dem Gipfel die „Einladung" Myanmars an den malaysischen Premierminister, in dessen Funktion als amtierender Vorsitzender des *ASEAN Standing Committee,* sich eigenhändig während eines Besuchs in Myanmar von den Fortschritten im Reformprozess zu überzeugen.[133] Diese geplante Untersuchungsmission der ASEAN in Myanmar signalisierte den Willen der Organisation, sich noch stärker in Bezug auf Myanmar zu engagieren,[134] doch Myanmar sabotierte diese Sozialisationsbemühungen: der Besuch der Delegation wurde zweimal verschoben, dann wurde dem malaysischen Premierminister Syed Hamid weder erlaubt Aung San Suu Kyi, noch Staatschef Than Shwe zu treffen, woraufhin der Besuch schließlich vorzeitig abgebrochen wurde.[135]

Der Ton der ASEAN gegenüber Myanmar verschärfte sich weiter: im Juli 2006 beschuldigte der malaysische Außenminister das Militärregime in Myanmar, die ASEAN in Geiselhaft zu nehmen, indem es die Kooperation mit den anderen ASEAN Mitgliedern verweigere und in Bezug auf Menschenrechte und Demokratie keinerlei Fortschritte mache.[136] Auch in der gemeinsamen

[130] ASEAN Joint Communiqué of the 38th ASEAN Ministerial Meeting 2005: Point 70.
[131] Vgl. ASEAN Joint Communiqué of the 38th ASEAN Ministerial Meeting 2005; Roberts 2010: 126, 141.
[132] Vgl. Chairman's statement of the 11th ASEAN Summit 2005: Punkt 34.
[133] Vgl. Davies 2011: 8.
[134] Vgl. Severino 2006: 145.
[135] Vgl. McCarthy 2008: 924f.
[136] Vgl. Cook 2010: 441.

Stellungnahme des 39. Außenministertreffens im selben Monat wurde die zunehmende Ungeduld der ASEAN Außenminister mit Myanmar deutlich:

> We expressed concern on the pace of the national reconciliation process and hope to see *tangible* progress that would lead to peaceful transition to democracy *in the near future*. We reiterated our calls for the *early* release of those placed under detention and for *effective* dialogue with all parties concerned.[137] [eigene Hervorhebungen]

Doch im Gegenzug schien sich Myanmar eher aus der ASEAN zurückzuziehen und vertiefte stattdessen seine Beziehungen mit China.[138] Ungeachtet der Forderungen der ASEAN nach handfesten Fortschritte im demokratischen Transitionsprozess, inklusivem Dialog und Freilassung der Gefangenen verschlechterte sich die Menschenrechtssituation in Myanmar zudem weiter. Die Maßnahmen zur Unterdrückung der Opposition wurden abermals verstärkt, und im Rahmen einer großräumigen Offensive gegen aufständische Gruppen ethnischer Minderheiten beging das burmesische Militär in einem solchen Ausmaß Menschenrechtsverletzungen, dass *amnesty international* von Verbrechen gegen die Menschlichkeit spricht.[139] Die Hypokrisie des „demokratischen Transitionsprozesses" wurde deutlich, als die Militärregierung die meisten Entscheidungen über Verfassungsfragen vorherbestimmte, Kritik an der Verfassung unter Strafe stellte und selbst in der Nationalversammlung keine offene Diskussion erlaubte.[140]

2.4 Zwischenfazit: Kritischeres Engagement der ASEAN ohne Wirkung

Im Zeitraum von 2000 bis 2006 entwickelten sich das Potential der ASEAN sozialisierend zu wirken, und ihre tatsächlichen Bemühungen in dieser Richtung, positiv. Die Neuerung der "enhanced interactions" erlaubte Stellungnahmen der ASEAN zu den inneren Angelegenheiten Myanmars, die seit dem Vorfall von Depayin durchaus kritisch ausfallen konnten. Dieser diplomatische Tadel wurde als Sozialisationsmechanismus ebenso angewandt wie bestärkendes diplomatisches Lob, wenn es Anzeichen für eine Verhaltensänderung Myanmars in Richtung normkonformen Verhaltens gab.

Die ASEAN versuchte Myanmar hinsichtlich ihrer gemeinsamen Erwartungen angemessenen Verhaltens zu sozialisieren, indem sie diese Erwartungen gegenüber Myanmar auf den Außenministertreffen und ASEAN-Gipfeln deutlich machte: die Organisation drängte auf handfeste Fortschritte im demokratischen Transitionsprozess, Inklusivität und ab 2006 auch auf die Freilassung der politischen Gefangenen. Auffällig dennoch, dass über diese Forderungen hinaus in den

---

[137] ASEAN Joint Communiqué of the 39th ASEAN Ministerial Meeting 2006: Punkt 79. Das gemeinsame Kommuniqué des 40. Außenministertreffens 2007 wiederholte diese Formulierung; vgl. ASEAN Joint Communiqué of the 40th ASEAN Ministerial Meeting 2007: Punkt 75.
[138] Vgl. McCarthy 2008: 927f.
[139] Vgl. Amnesty international 2007; Roberts 2010: 152.
[140] Vgl. Amnesty international 2007.

Stellungnahmen nie explizit die Einhaltung von Menschenrechtsnormen als solche gefordert wurde, obwohl die ASEAN doch mit dem *ASEAN Concord II* und dem *Vientiane Action Programme* die Förderung und den Schutz von Menschenrechten (zumindest auf dem Papier) in die ASEAN Struktur integriert hatte. Und auch der Sozialisationsdruck der ASEAN auf Myanmar hinsichtlich der oben genannten Minimum "standards of appropriate behavior" wurde nur inkonsequent angewandt, wie sich bei dem Sturz Khin Nyunts 2004 oder auf dem 38. Außenministertreffen beobachten ließ.

ASEAN wurde insgesamt zwar zunehmend kritischer gegenüber Myanmar und versuchte aktiver und stärker Einfluss auf die Militärjunta auszuüben. Doch Myanmar schien sich diesen Sozialisationsanstrengungen der ASEAN zu entziehen oder sogar zu verweigern, und bewegte sich kaum in Richtung der von ASEAN propagierten Verhaltensstandards. Im untersuchten Zeitraum von 2000 bis 2006 sind keine Veränderungen in Myanmar zu normkonformen Verhalten feststellbar: die Menschenrechtslage verschlechterte sich sogar, und die mit dem „Fahrplan" ankündigte demokratische Transition schien mehr eine Fassade zu sein, hinter der der Versuch des Militärs stand seine Macht aufrechtzuerhalten, als ein genuiner Reformprozess.[141] Dies führte zu einer zunehmenden Frustration der ASEAN mit der Militärjunta,[142] bis unter anderem der malaysische Außenminister Syed Hamid die diplomatische Unterstützung Myanmars auf der internationalen Bühne in Frage stellte:

> ASEAN has reached a stage where it is not possible to defend Myanmar if it does not cooperate with us or help itself by delivering tangible progress on economic and political reform. [...] Unfortunately Myanmar appears to be deliberate in its disregard.[143]

[141] Vgl. Pedersen 2008: 96f.
[142] Vgl. Haacke 2010: 165.
[143] Zitiert in Roberts 2010: 149.

3. ASEAN und Myanmar 2007 – 2010: "Forward engagement" oder „disengagement"?

3.1 Die Saffron Revolution und die ASEAN Charter

Im September 2007 rückte Myanmar in den Fokus der Weltöffentlichkeit, als das Militärregime von Mönchen angeführte friedliche Demonstrationen gewaltsam niederschlug.[144] Angesichts der erheblichen internationalen Empörung, die die Brutalität des Regimes hervorrief, fühlten sich die anderen ASEAN-Staaten dazu genötigt, ihren gemeinsamen Standpunkt über die Entwicklungen in Myanmar klarzustellen.[145] In ihrer Stellungnahme Ende September drückten die Außenminister ihren „Abscheu" ("revulsion") über die gewaltsame Niederschlagung der Proteste aus, und forderten das Militärregime nachdrücklich zur Zurückhaltung und zu einer politischen Lösung der Krise auf. Außerdem riefen sie Myanmar zur Wiederaufnahme des nationalen Versöhnungsprozesses unter Beteiligung aller betroffenen Parteien, zur friedlichen Transition zur Demokratie, und zur Freilassung aller politischen Gefangenen einschließlich Aung San Suu Kyis auf.[146] Dies stellte die emotionalste Äußerung und schärfste Kritik am Militärregime in Myanmar dar, die ASEAN bis dato veröffentlicht hatte, und verdeutlichte klar ihre Empörung über die blutige Niederschlagung der Proteste.[147]

Trotzdem lehnten die anderen ASEAN Staaten wirtschaftliche Sanktionen gegen Myanmar ebenso ab wie einen Ausschluss des Landes aus der Organisation. Stattdessen betonten sie, dass Myanmar ein Mitglied der ASEAN-Familie bleiben solle, da die anderen Mitglieder so „moralischen Druck" auf Myanmar ausüben könnten.[148] Die Diplomatie Singapurs, das zu diesem Zeitpunkt den ASEAN-Vorsitz inne hatte, bemühte sich im Folgenden um eine Einbindung Chinas und Indiens, um den Druck auf Myanmar zu vergrößern; zudem hatten die ASEAN-Staaten in der Stellungnahme vom September ihre volle Unterstützung für die Vermittlungsrolle des UN-Sondergesandten, Ibrahim Gambari, ausgesprochen.[149]

Dieser wurde von Singapur eingeladen, die Staats- und Regierungschefs auf dem *East Asian Summit* (EAS) im November 2007 über die neusten Entwicklungen in Myanmar zu informieren. Doch Myanmar protestierte gegen das geplante Briefing mit dem Hinweis, dass es sich um eine innere Angelegenheit Myanmars handle, die unter das Nichteinmischungsprinzip falle, zudem sei

---

[144] Vgl. Roberts 2010: 153f.
[145] Vgl. Haacke 2008: 354.
[146] Statement by ASEAN Chair Singapore's Minister for Foreign Affairs George Yeo 2007. Diese Stellungnahme erfolgte am Rande der Vollversammlung der UN-Generalversammlung in New York durch den Außenminister Singapurs, das zu diesem Zeitpunkt den ASEAN Vorsitz inne hatte, im Namen aller ASEAN Außenminister bis auf den burmesischen, und wurde auch unter Anwesenheit aller Außenminister bis auf den burmesischen an die Medien gegeben. Sie kann deshalb als gemeinsame Stellungnahme (und nicht nur als Stellungnahme Singapurs) aufgefasst werden. Vgl. auch Haacke 2008a: 140.
[147] Vgl. Davies 2011: 9; Haacke 2008: 354; Roberts 2010: 156.
[148] Vgl. Haacke 2008a: 145.
[149] Vgl. Haacke 2008a: 146f.; Statement by ASEAN Chair Singapore's Minister for Foreign Affairs George Yeo 2007.

Myanmar in der Lage die Situation selbst zu regeln.[150] In diesem Zusammenhang wurden die inneren Differenzen unter den ASEAN-Mitgliedern deutlich, denn während Indonesien, Thailand, Malaysia und die Philippinen den burmesischen Protest mit dem Hinweis ablehnten, dass es sich längst nicht mehr um eine Problematik handle, die als innere Angelegenheit Myanmars betrachtet werden könne, stellten sich Vietnam, Laos und Kambodscha auf die Seite Myanmars. Am Ende wurde das Treffen mit Gambari auf dem EAS abgesagt und auch die Idee eines Briefing nur im ASEAN-Rahmen verworfen.[151] Als Reaktion darauf machte Singapur (als ASEAN-Vorsitzender) in einer Stellungnahme klar, dass die ASEAN sich aus ihren diplomatischen Bemühungen um Myanmar zurückziehen werde:

> The ASEAN Leaders agreed that ASEAN would respect Myanmar's wishes and make way for Myanmar to deal directly with the UN and the international community on its own. ASEAN stands ready to play a role whenever Myanmar wants it to do so.[152]

Angesichts der blutigen Niederschlagung der friedlichen Demonstrationen durch die Militärjunta lässt sich fragen, ob die Sozialisation Myanmars in die ASEAN zu diesem Zeitpunkt nicht als gescheitert angesehen werden kann. Denn die Militärjunta verstieß ganz offensichtlich gegen den Standards angemessenen Verhaltens der ASEAN einer friedlichen Transition zur Demokratie unter Einschluss aller Teile der Gesellschaft. Die anderen ASEAN-Staaten übten zwar schärfere Kritik an der Militärregierung Myanmars als je zuvor, die umso bemerkenswerter war, wenn man die normativen Grenzen des ASEAN Engagements (Nichteinmischungsprinzip) bedenkt. Doch abgesehen von der Stellungnahme im September und der Unterstützung der Vermittlungsrolle der UN erfolgte kein weiteres kollektives Engagement der ASEAN, um zur Lösung der politischen Krise in Myanmar in Einklang mit ihren Verhaltensstandards beizutragen.[153] Und als sich mit Myanmars Opposition gegen das Briefing durch Gambari der Widerstand des Landes gegen eine aktive Rolle der ASEAN zeigte, die Militärjunta sich damit jeglichen (auch zukünftigen) Sozialisationsbemühungen von Seiten der ASEAN zu widersetzen schien, gab auch die ASEAN kollektive Anstrengungen Myanmar zu sozialisieren auf. Im Folgenden verwies sie nur noch auf die Vermittlungsrolle der UN und ihres Sondergesandten in Myanmar.[154] Roberts charakterisiert dies als "mutual disengagement"[155]: Myanmar lehnte ein Engagement der ASEAN ab, und die ASEAN kapitulierte in ihren diplomatischen Bemühungen den politischen Prozess in Myanmar zu beeinflussen.

Die politische Krise in Myanmar erfolgte zudem zu einem höchst problematischen Zeitpunkt für die ASEAN, da die Organisation kurz vor der Verabschiedung der *ASEAN Charter* stand. In der

[150] Vgl. ASEAN Chairman Statement on Myanmar 2007.
[151] Vgl. Haacke 2008a: 148; Roberts 2010: 156f.
[152] ASEAN Chairman Statement on Myanmar 2007: Punkt 5.
[153] Vgl. Hofmeister 2010: 80.
[154] Vgl. ASEAN Chairman Statement on Myanmar 2007: Punkt 7; Davies 2011: 158; Haacke 2008a: 153.
[155] Roberts 2010: 159.

ASEAN Charter bekennen sich die ASEAN-Staaten in einem rechtlich verbindlichen Dokument zu Demokratie, Rechtsstaatlichkeit, der Wahrung von Grundfreiheiten und der Förderung und des Schutzes von Menschenrechten.[156] Außerdem sehen sie die Einrichtung eines ASEAN Menschenrechtsorgans vor.[157] Der ASEAN Gipfel im November 2007, auf dem die Charta verabschiedet wurde, wäre vor dem Hintergrund der Niederschlagung der Proteste in Myanmar die Gelegenheit gewesen zu zeigen, dass die ASEAN das Bekenntnis zu Menschenrechten aus der Charta ernst nimmt, indem sie entschiedene Maßnahmen gegen die Militärjunta ergreift.[158] Doch stattdessen schlugen die ASEAN-Staaten auf diesem Gipfel sanfte Töne an, um die Unterzeichnung der Charta durch alle Mitgliedsstaaten einschließlich Myanmars nicht zu gefährden.[159] Zwar meldeten Indonesien, die Philippinen und Thailand mit Hinblick auf die Situation in Myanmar Bedenken an und drohten die *ASEAN Charter* nicht zu ratifizieren, falls Myanmar keine Fortschritte hinsichtlich Demokratie und Menschenrechte mache, doch letztlich wurde die Charta von allen ASEAN-Staaten unterzeichnet und ratifiziert.[160] So ließ der ASEAN-Gipfel Zweifel an der Ernsthaftigkeit und des Gewichts der Bekenntnisse zu Demokratie und Menschenrechten aufkommen und schwächte die Glaubwürdigkeit der ASEAN und ihrer neuen Charta.[161]

Gleichzeitig bot die *ASEAN Charter* mit ihrer rechtlich verbindlichen Verankerung von Menschenrechten und Demokratie der Organisation die Legitimation und das rechtliche Fundament dafür, den Druck auf Myanmar zu erhöhen und das Regime verstärkt zu demokratischen Reformen und zur Einhaltung von Menschenrechten zu drängen.[162] Die Chancen auf eine Sozialisation Myanmars in die ASEAN im Hinblick auf Menschenrechtsnormen, wie sie sich Ende 2007/Anfang 2008 darstellten, erscheinen daher ambivalent: einerseits bestand nun in der Theorie eine neue normative Grundlage für die Bemühungen der ASEAN, als "teacher of norms" zu wirken, dem gegenüber standen jedoch die Hilflosigkeit, die "appeasement" Politik und das "disengagement" in der Praxis der ASEAN gegenüber Myanmar in der jüngsten Vergangenheit.

3.2 Der Zyklon Nargis und die neue Verfassung Myanmars

Das ASEAN "disengagement" in Bezug auf Myanmar wurde Anfang des Jahres 2008 beibehalten, doch als Myanmar im Mai 2008 vom Zyklon Nargis verwüstet wurde, wurde deutlich, dass diese Position nicht unter allen Umständen aufrechterhalten werden konnte.[163] Trotz der durch den

[156] Vgl. ASEAN Charter 2007: Präambel, Art. 2 (2) h, 2 (2) i. Laut Figge können schwerwiegende Menschenrechtsverletzungen damit als Verstoß gegen die ASEAN Charta angesehen werden. Andererseits sieht die ASEAN Charta keinen Mechanismus vor, um Verstöße gegen die Charta zu ahnden. Vgl. ASEAN Charter 2007; Figge 2011: 3.
[157] Vgl. ASEAN Charter 2007: Art. 14.
[158] Vgl. Rahim 2008: 69.
[159] Vgl. Schmidt 2007: 1.
[160] Vgl. Arendshorst 2009: 111; Schmidt 2007: 3.
[161] Vgl. Roberts 2010: 155.
[162] Vgl. Figge 2011: 3, 6.
[163] Vgl. Haacke 2010: 161.

Zyklon verursachten humanitären Katastrophe[164] weigerte sich der SPDC internationale Hilfsgüter und ausländische Hilfsorganisationen ins Land zu lassen, aus Furcht davor, dass ausländische Einflüsse seine Machtposition schwächen könnten.[165]

Die ASEAN reagierte spät, doch erwies sich letztlich als die einzige Institution, die mit solchen Bedenken umzugehen wusste, und übte erheblichen Druck auf den SPDC aus, seine unkooperative Haltung aufzugeben. Angesichts der Obstruktionspolitik der Militärjunta wurde auf einer Sondersitzung der ASEAN-Außenminister eine hitzige Diskussion geführt, in der der indonesische Außenminister seinen burmesischen Kollegen direkt fragte, was Myanmar seine ASEAN Mitgliedschaft wert sei, und was er glaube ASEAN die Mitgliedschaft Myanmars unter diesen Umständen bedeute.[166] Am Ende gelang es den ASEAN-Außenministern den SPDC zu einer kooperativeren Haltung zu bewegen. Sie überzeugten die Militärjunta dem Einsatz des *ASEAN Emergency Rapid Assessment Teams* in Myanmar sowie der Einrichtung der *ASEAN Humanitarian Task Force* als Koordinationsmechanismus für die Verteilung von Hilfsgütern zuzustimmen.[167] Aus diesem ging die *Tripartite Core Group* hervor, in der Vertreter der Regierung Myanmars, der ASEAN und der UN zusammenkamen, und in der schließlich das Einverständnis des SPDC erreicht wurde internationale Hilfe zu akzeptieren.[168]

So zeigte sich in der Krise nach dem Zyklon sowohl ein erneutes Engagement der ASEAN in Bezug auf Myanmar und ihre Fähigkeit, auf das Militärregime Einfluss zu nehmen, als auch die Bereitschaft des burmesischen Militärregimes für Empfehlungen und Hilfestellungen der ASEAN empfänglich zu sein. Chachavalpongpun kennzeichnet das Engagement der ASEAN im Zusammenhang mit dem Zyklon Nargis daher als Beginn einer neuen Phase der Beziehungen der ASEAN zu Myanmar, einem "forward engagement"[169]. Doch bezog sich der Erfolg des ASEAN Engagements rein auf die Koordination der humanitären Hilfe und die Vermittlung zwischen dem SPDC und der internationalen Gemeinschaft, politische Forderungen, etwa nach substantiellen demokratischen Reformen und einer Verbesserung der Menschenrechtslage, wurden darin außen vor gelassen.[170]

Doch die Menschenrechtssituation im Land verschlechterte sich in diesem Zeitraum weiter und auch der Prozess des demokratischen Übergangs stellte sich äußerst mangelhaft dar. Die Zahl der politischen Gefangenen hatte sich seit 2007 fast verdoppelt, denn viele Burmesen waren aufgrund

---

[164] Etwa 2,1 Millionen Burmesen waren vom Zyklon betroffen, etwa 140000 Menschen verloren ihr Leben, 800000 Häuser wurden beschädigt oder vollkommen zerstört, Lebensmittelvorräte vernichtet und Wasserquellen verunreinigt. Vgl. Sabandar 2010: 197.
[165] Vgl. Roberts 2010: 189-191.
[166] Vgl. Haacke 2010: 162; Roberts 2010: 192.
[167] Vgl. Haacke 2008: 370f.; Roberts 2010: 192. Es handelte sich um den ersten Einsatz des ERAT überhaupt.
[168] Vgl. Haacke 2008: 371; Sabander 2010: 198-200.
[169] Vgl. Chachavalpongpun 2010: 166.
[170] Vgl. Roberts 2010: 178, 192.

ihrer Teilnahme an den Demonstrationen im September 2007 zu Freiheitsstrafen verurteilt worden oder 2008 festgenommen worden, weil sie sich für Demokratie und Menschenrechte oder gegen die neue Verfassung engagierten.[171] Politische Rechte wurden weiter eingeschränkt, so wurde vor dem Referendum über die neue Verfassung ein Gesetz verabschiedet, dem zufolge jedes öffentliche Engagement für die Ablehnung der Verfassung unter Strafe gestellt wurde.[172] Im Referendum selbst stimmten laut offiziellen Angaben 92,48% für die neue Verfassung, ein offenbar manipuliertes Ergebnis.[173] In ihrer gemeinsamen Stellungnahme auf dem Außenministertreffen im Juli 2008 erklärten die ASEAN-Außenminister in Bezug auf die politische Situation in Myanmar:

> We took note of the briefing by Myanmar on the recent developments in the process of national reconciliation and its peaceful transition to democracy, as envisaged in the roadmap to democracy; in particular, the adoption of the State Constitution of 2008 by referendum. We urged Myanmar to take *bolder steps* towards a peaceful transition to democracy *in the near future*, and working towards the holding of *free and fair* General Elections in 2010. While recognizing the steps undertaken by the Government of Myanmar to conduct meetings with all concerned parties, including the NLD leadership, we reiterated our calls for the release of all political detainees, including Daw Aung San Suu Kyi, to pave the way for meaningful dialogue involving all parties concerned.[174]
> [eigene Hervorhebungen]

Einerseits zeigt diese Stellungnahme, dass das Engagement der ASEAN mit Myanmar zwar in der durch den Zyklon versuchten Krise „depolitisiert" gewesen ist, doch schon wenig später forderten die ASEAN-Außenminister Myanmar sehr deutlich dazu auf „beherztere Schritte" zur demokratischen Transition „in naher Zukunft" zu unternehmen und formulierten die Erwartung, dass Myanmar 2010 „freie und faire" Wahlen abhalten werde. Letzteres wurde zum ersten Mal so formuliert und stellt damit eine Erweiterung des „Standards angemessenen Verhaltens" dar, der von Myanmar erwartet wurde. Die wiederholte Aufforderung, die politischen Gefangenen freizulassen, kann vor dem Hintergrund des verlängerten Hausarrests Aung San Suu Kyi zudem als Tadel des Militärregimes aufgefasst werden.[175]

Andererseits übten die ASEAN-Außenminister weder ausdrücklich Kritik am Referendum noch an der Verfassung selbst. Die Verfassung sah zwar die Schaffung eines Zwei-Kammer-Parlaments vor, durch das ein (ziviler) Präsident als Staatsoberhaupt gewählt werden sollte, doch gleichzeitig sicherte sich das Militär durch Bestimmungen in der neuen Verfassung eine Vormachtstellung im

---

[171] Vgl. Amnesty international 2009.
[172] Vgl. Amnesty international 2009.
[173] Vgl. Haacke 2008: 352.
[174] ASEAN Joint Communiqué of the 41st ASEAN Ministerial Meeting 2008: Punkt 50.
[175] Vgl. McCarthy 2008: 932.

politischen System Myanmars auch nach dem formellen Übergang zur Demokratie.[176] Für Beobachter schien die Verfassung daher zu dem Zweck geschrieben worden sein, die Interessen des Militärs hinter einer zivilen Marionettenregierung auch nach den kommenden Parlamentswahlen aufrechtzuerhalten.[177] Die ASEAN stand der Verfassung jedoch wenig kritisch gegenüber – weiter als "bolder steps" zu fordern ging ihr Engagement nicht - und äußerte vorsichtige Unterstützung der Entwicklungen in Myanmar.[178] Chachavalpongpun weist darauf hin, dass es der ASEAN dadurch, dass sie den „Fahrplan zur Demokratie" des SPDC-Regimes von Anfang an begrüßt habe, ohne den Fahrplan und die Ziele der Militärregierung dahinter kritisch zu hinterfragen, nun auch schwer gefallen sei, die Umsetzung der einzelnen Schritte zu kritisieren.[179] Und gerade vor dem Hintergrund des Bekenntnisses zu Demokratie und Menschenrechten in der *ASEAN Charter*, das die ASEAN Staaten – einschließlich Myanmars – auf dem Außenministertreffen noch einmal bekräftigten,[180] scheint die obige Stellungnahme der ASEAN Außenminister unzureichend.

Damit schien 2008 in der ASEAN darüber, ob und wenn ja wie die ASEAN eine Rolle als "teacher of human rights norms" einnehmen sollte, ob und wenn ja wie sich die Organisation aktiv für politischen Wandel in Myanmar einsetzen sollte, große Unklarheit zu bestehen. So gesehen passt auch, dass die ASEAN Staaten zwar einerseits ihr "commitment to remain constructively engaged with Myanmar"[181] bekräftigten, aber dann die Vermittlungsrolle des UN-Generalsekretärs und seines Sondergesandten herausstellten,[182] und damit der UN die Hauptrolle zuwiesen auf politischen Wandel in Myanmar hinzuwirken.

3.3 Die Parlamentswahlen 2010

Im Vorfeld der Wahlen 2010 zeigten sich erneut die beschränkten Einflussmöglichkeiten der ASEAN auf das Militärregime Myanmars. Deutlich wurde dies zunächst im Zusammenhang mit einem Prozess gegen Aung San Suu Kyi.[183] International wurde die Anklage und das Urteil als Farce gesehen – als reiner Vorwand, um die Oppositionsführerin daran zu hindern, an den Wahlen 2010 teilzunehmen.[184] Die Anklageerhebung gegen Aung San Suu Kyi wurde auch von Seiten der ASEAN kritisiert. Denn vorherige Bemerkungen des burmesischen Premierministers waren so aufgefasst

[176] Vgl. Effner 2010: 3f. So werden laut Verfassung 25% der Parlamentssitze für Vertreter des Militärs reserviert; diese werden vom Oberkommandierenden der Armee ernannt; und da Verfassungsänderungen nur mit 75% der Stimmen möglich sind verfügt das Militär faktisch über eine Sperrminorität im Parlament.
[177] Vgl. Boisseau du Rocher 2012 : 9; Pedersen 2008 : 96f.
[178] Vgl. Roberts 2010 : 196.
[179] Vgl. Chachavalpongpun 2010: 167.
[180] Vgl. ASEAN Joint Communiqué of the 41st ASEAN Ministerial Meeting 2008: Punkt 10.
[181] ASEAN Joint Communiqué of the 41st ASEAN Ministerial Meeting 2008: Punkt 51.
[182] Vgl. ASEAN Joint Communiqué of the 41st ASEAN Ministerial Meeting 2008: Punkt 51.
[183] Einem US-amerikanischem Staatsbürger war es gelungen, den Wohnsitz Aung San Suu Kyis zu betreten. Dies legte die Militärjunta Aung San Suu Kyi als Verletzung der Konditionen ihres Hausarrests zur Last. Aung San Suu Kyi wurde zu weiteren 18 Monaten Hausarrest verurteilt. Vgl. Chachavalpongpun 2010: 167.
[184] Vgl. Haacke 2010: 157; Hofmeister 2010: 81.

worden, dass Aung San Suu Kyi in den kommenden Wahlen eine Rolle spielen könnte. Der erneute Hausarrest nun schien der Forderung der ASEAN nach einem freien und fairen Wahlprozess entgegenzulaufen und unterminierte sowohl die Legitimität des vom SPDC orchestrierten Transitionsprozesses, als auch die Glaubwürdigkeit der ASEAN mit ihrem erklärten Bekenntnis zu Demokratie und Menschenrechten, die diesen Prozess bisher unterstützt hatte.[185]

Thailand, das den ASEAN-Vorsitz zu diesem Zeitpunkt inne hatte, drückte „tiefste Besorgnis" über die jüngsten Entwicklungen aus und erinnerte den SPDC daran, dass die ASEAN Myanmar dazu aufgefordert hatte, Aung San Suu Kyi freizulassen. Thailand fügte hinzu, dass Aung San Suu Kyi adäquate medizinische Versorgung und menschenwürdige Behandlung gewährt werden müsse, denn: "the Government of the Union of Myanmar, as a responsible member of ASEAN, has the responsibility to protect and promote human rights"[186]. Dies war das erste Mal, dass in einer öffentlichen Stellungnahme zur Situation in Myanmar der wörtliche Hinweis auf „Menschenrechte" enthalten war und zum ersten Mal wurde auch erkennbar, dass das Bekenntnis zu Menschenrechten und Demokratie aus der *ASEAN Charter* zu einer stärkeren Position der ASEAN gegenüber Myanmar führte, denn die Regierung Myanmars konnte an ihre Verpflichtung *als ASEAN-Mitglied* erinnert werden, Menschenrechtsnormen einzuhalten. Doch der SPDC protestierte vehement gegen die Erklärung, beschuldigte Thailand prozedurale Normen der ASEAN (das Konsensprinzip) gebrochen zu haben, und kritisierte, dass die Stellungnahme nicht den Tatsachen entspreche und ein Verstoß gegen das Nichteinmischungsprinzip darstelle.[187] Auf den Protest Myanmars reagierten die anderen ASEAN-Staaten nicht, unternahmen aber auch keine weiteren Schritte gegen das Militärregime in dieser Angelegenheit.[188] Dies zeigte, dass das Nichteinmischungsprinzip noch immer dazu verwendet werden konnte, die Legitimität von Kritik an der Verletzung von Menschenrechtsnormen zu bestreiten.

In Bezug auf die Parlamentswahlen 2010, die die Umsetzung des fünften Schritts des „Fahrplans zur Demokratie" darstellten, übte die ASEAN jedoch weiterhin Druck auf die Militärjunta aus. Im März 2010 waren in Myanmar neue Wahlgesetze verabschiedet worden, die die Meinungs-, Versammlungs- und Vereinigungsfreiheit der Burmesen weiter einschränkten.[189] Zudem wurde jedem, der eine Haftstrafe verbüßte, verboten Mitglied einer politischen Partei zu sein und an den Wahlen teilzunehmen. Damit waren die politischen Gefangenen, darunter ein großer Teil der NLD Anhänger und auch Aung San Suu Kyi, von der Partizipation an den Wahlen ausgeschlossen. Die

---

[185] Vgl. Haacke 2010: 169.
[186] ASEAN Chairman's Statement on Myanmar 2009.
[187] Vgl. Haacke 2010: 170; Hofmeister 2010: 81.
[188] Vgl. Hofmeister 2010: 81.
[189] Vgl. Amnesty international 2011.

NLD entschloss sich daher zu einem Boykott der Wahlen.[190] In den Monaten vor der Wahl wurden die an den Wahlen teilnehmenden Oppositionsparteien extrem benachteiligt und behindert, die *Union Solidarity and Development Party* (USDP) ehemaliger Militärangehöriger hingegen genoß weitreichende staatliche Unterstützung.[191]

Diese Vorgänge ließen auch in der ASEAN erheblichen Zweifel daran aufkommen, dass die Wahlen tatsächlich einen Schritt im demokratischen Transitionsprozess markieren würden. Die ASEAN-Staaten wiederholten auf dem 16. ASEAN-Gipfel in Hanoi im April 2010 sowie dem Außenministertreffen im Juli 2010 ihre Forderung, dass die Wahlen „frei, fair und inklusiv"[192] abgehalten werden sollten und mahnten an, dass Myanmar mit der ASEAN und der UN in dieser Hinsicht zusammenarbeiten solle. Auch im informellen Rahmen versuchten die anderen ASEAN-Staaten auf Myanmar Einfluss zu nehmen, so sagte der ASEAN-Generalsekretär Surin Pitsuwan nach dem Eröffnungsdinner des Außenministertreffens: "Myanmar, I think got an earful last night that ASEAN is very much concerned."[193] Der 17. ASEAN-Gipfel fand Ende Oktober 2010 und damit nur wenige Tage vor den Wahlen in Myanmar statt. Während Indonesien und die Philippinen Kritik an der Militärjunta aufgrund der restriktiven Wahlgesetze und der Behinderung der Opposition übten, bemühte sich Vietnam, das den Vorsitz der ASEAN inne hatte und damit Gastgeber des ASEAN-Gipfels war, das Thema aus den offiziellen Gesprächen herauszuhalten, und auch Laos und Kambodscha wollten sich nicht in die Innenpolitik Myanmars einmischen.[194] Die Erklärung zum 17. ASEAN-Gipfel wiederholte im Wesentlichen die Formulierungen des vorangegangenen Gipfels, ergänzte die Forderung nach freien, fairen und inklusiven Wahlen jedoch durch das Angebot der Hilfe durch ASEAN: "ASEAN expressed its readiness to render assistance as deemed appropriate by Myanmar and in accordance with the ASEAN Charter"[195] – ein Angebot, dass Myanmar nicht annahm. Die Bemühungen der ASEAN den SPDC davon zu überzeugen, internationale oder ASEAN-Wahlbeobachter zuzulassen, wurden ignoriert, die Offerte Thailands, Indonesiens und Malaysias, Myanmar bei der Durchführung der Wahlen (z.B. bei der Ausbildung von Wahlhelfern) zu unterstützen wurde brüsk abgelehnt.[196]

Im Nachhinein erscheinen die Betonung der ASEAN, wie wichtig freie, faire und inklusive Wahlen seien, wie leere Phrasen, denn die Wahlen im November 2010 liefen nach einhelliger Meinung

---

[190] Vgl. Effner 2010: 2-4.
[191] Vgl. Effner 2010: 6-8. Die Kandidaten dieser vom Regime gegründeten Partei waren zumeist ehemalige Militärangehörige, die aus dem Militärdienst ausgeschieden waren, um sich als zivile Kandidaten der USDP aufstellen zu lassen und nach der Wahl Ämter in der neuen Regierung übernehmen zu können.
[192] Chairman's Statement of the 16th ASEAN Summit 2010: Punkt 50; ASEAN Joint Communiqué of the 43rd ASEAN Foreign Ministers' Meeting 2010: Punkt 68.
[193] Zitiert in: BBC News 20.07.2010.
[194] Vgl. Focus online 28.10.2010; Saikia 2010: o.S.
[195] ASEAN Chairman's Statement of the 17th ASEAN Summit 2010: Punkt 61.
[196] Vgl. Caballero-Anthony 2010: 28; Egberink 2010: o.S.

internationaler Beobachter nicht frei und fair ab.[197] Neben den schon angesprochenen Restriktionen im Vorfeld der Wahlen war auch der Urnengang selbst von Manipulationen, Einschüchterungen und Wahlbetrug begleitet.[198] Am Ende gewann die USDP 80% der zur Wahl stehenden Sitze im Ober- und Unterhaus des nationalen Parlaments.[199] Zusammen mit den 25% der Sitze, die laut der Verfassung von 2008 für das Militär reserviert sind, erlangten daher die Kräfte des alten Regimes eine große Mehrheit im Parlament. Trotz der Art und Weise, wie die Wahlen abgelaufen waren, gab der vietnamesische Außenminister als Vorsitzender der ASEAN eine durchweg positive Stellungnahme heraus, in der er die allgemeinen Wahlen in Myanmar als "significant step forward in the implementation of the 7-point Roadmap for Democracy" begrüßte und Myanmar ermutigte den Prozess nationaler Versöhnung und Demokratisierung weiterzuführen.[200] Ansonsten schwieg die ASEAN zu den Wahlen und äußerte keinerlei Kritik,[201] im Grunde waren die ASEAN-Staaten wohl erleichtert, dass die zukünftige Regierung Myanmars als durch eine „demokratische Übung" legitimiert angesehen werden könnte.[202]

Der Versuch der ASEAN, auf freie und faire Wahlen in Myanmar hinzuwirken, war damit gescheitert. Die Überzeugung der ASEAN, dass Integration und Engagement mit Myanmar der richtige Weg sei, um das Regime zu politischen Reformen zu bewegen, schien durch die Wahlen 2010 konterkariert; und die fehlende Reaktion der ASEAN auf die offenkundige Missachtung des von Myanmar erwarteten Verhaltens durch das Militärregime warf kein gutes Licht auf die Organisation. Die Nichteinhaltung demokratischer Standards und die Menschenrechtsverletzungen durch Myanmar im Zusammenhang mit der Wahl unterminierten damit auch die Glaubwürdigkeit der ASEAN und ließen ihr Bekenntnis zu Demokratie und Menschenrechten in der *ASEAN Charter* als reine Fassade erscheinen.

3.4 Zwischenfazit

Die ASEAN hatte in dieser Phase keinen Erfolg darin, sozialisierenden Einfluss auf Myanmar auszuüben. Ihr Engagement im Zusammenhang mit dem Zyklon Nargis ("forward engagement") wird zwar positiv beurteilt, doch ging es dort um die Koordination von humanitärer Hilfe, ganz bewusst ohne gleichzeitig politische Forderungen zu stellen. Für die Sozialisation Myanmars hinsichtlich von Demokratie und Menschenrechtsnormen schien die ASEAN sich entweder auf keine Strategie gegenüber Myanmar einigen zu können oder sich bewusst aus dem Engagement mit Myanmar zurückzuziehen ("disengagement"), wie etwa nach der *Saffron Revolution* 2007.

---

[197] Vgl. Amnesty international 2011; ICG Crisis Watch November/Dezember 2010.
[198] Vgl. ICG Crisis Watch Dezember 2010.
[199] Vgl. ICG Crisis Watch Dezember 2010.
[200] Vgl. Press release by the ASEAN Secretariat 2010.
[201] Vgl. Egberink: 2010: o.S.
[202] Vgl. Zöllner 2011: 69.

Wenn die ASEAN versuchte auf Myanmar Einfluss zu nehmen, wie bei der Verlängerung des Hausarrests von Aung San Suu Kyi 2009 oder vor den Wahlen 2010, verweigerte sich die Militärjunta den Sozialisationsbemühungen mit Hinweis auf das Nichteinmischungsprinzip und durch Ablehnung der Unterstützungsangebote der ASEAN. Mit der Niederschlagung der *Saffron Revolution*, der allgemeinen Verschlechterung der Menschenrechtslage und der Verschärfung der Einschränkungen politischer Freiheiten vor den Wahlen 2010 lässt sich zudem festhalten, dass keine Entwicklung Myanmars im Sinne einer Verbesserung der Einhaltung von Menschenrechtsnormen festzustellen ist. Ebenso ließ die Art und Weise der „demokratischen Transition" – die Zementierung der Militärherrschaft in der neuen Verfassung, das manipulierte Referendum, und die unfaire und unfreie Parlamentswahl – Zweifel am demokratischen Gehalt dieses Prozesses aufkommen. Damit lässt sich – der Verankerung von Menschenrechten und Demokratie in der ASEAN Charter zum Trotz – keine erhöhte Sozialisationswirkung der ASEAN auf Myanmar nachweisen.

4. ASEAN und der Wandel in Myanmar 2011/ 2012

4.1 Demokratische Reformen in Myanmar

Die Chancen für einen wahrhaftig demokratischen Wandel nach der offiziellen Übergabe der Regierung vom SPDC an den durch das Parlament gewählten Präsidenten im März 2011 schienen Beobachtern daher eher gering zu sein.[203] Doch führte die neue Regierung in einem nicht erwarteten Ausmaß politische Reformen ein, die auch die Menschenrechtssituation im Land verbesserten. Neue Gesetze erlauben die Bildung von Gewerkschaften, garantieren das Streikrecht, lassen unter bestimmten Bedingungen friedliche Demonstrationen zu und gewährleisten, wenn auch mit Einschränkungen, Versammlungsfreiheit.[204] Positive Entwicklungen sind auch für die Meinungs- und Informationsfreiheit zu erkennen, da die Zensur der Printmedien gelockert und die Internetsperren weitgehend aufgehoben wurden.[205] Als Zeichen für die zugenommene Akzeptanz und Relevanz von Menschenrechtsnormen kann zudem die Bildung einer nationalen Menschenrechtskommission angesehen werden.[206] Diese hat seit ihrer Gründung im September 2011 mehr als tausend Beschwerden von BürgerInnen entgegengenommen, viele Vorfälle untersucht und einige Strafverfolgungen angestrengt.[207] Ferner besuchte die Menschenrechtskommission Vertriebene im Kachin-Staat, inspizierte Gefängnisse und rief mehrmals zur Freilassung von Gefangenen auf.[208]

Auch für die politische Opposition hat sich die Situation maßgeblich verbessert. Seit Mai 2011 wurden hunderte politische Gefangene freigelassen und die Haftstrafen vieler anderer verkürzt.[209] Zwischen der NLD und der Regierung wurde ein Dialog aufgenommen, so kam es im August 2011 zu einem ersten Treffen zwischen Präsident Thein Sein und der kurz nach den Wahlen aus dem Hausarrest entlassenen Aung San Suu Kyi. Nach diesem Treffen zeigte sich Aung San Suu Kyi davon überzeugt, dass der Präsident tatsächlichen Wandel anstrebe.[210] Zudem wurden die Wahlgesetze geändert, um so Aung San Suu Kyi und der NLD die Rückkehr in den konstitutionellen politischen Prozess und die Teilnahme an den Nachwahlen im April 2012 zu ermöglichen. Bei diesen gewann die NLD 43 von den 45 zur Wahl stehenden Sitzen und wurde damit zur größten Oppositionspartei im Parlament.[211]

---

[203] Vgl. Hofmeister / Duell 2012: 100.
[204] Vgl. ICG 2012: 3f.
[205] Vgl. ICG 2012: 4.
[206] Vgl. Amnesty international 2012a.
[207] Vgl. ICG 2012: 4.
[208] Vgl. UN 2012: 6. Zweifel bestehen jedoch an der Unabhängigkeit der Kommission von der Regierung. Zudem darf die Kommission nur Beschwerden berücksichtigen, die sich auf Menschenrechtsverletzungen aus der Zeit nach September 2011 beziehen, damit aber nicht Menschenrechtsverletzungen unter der Militärdiktatur.
[209] Vgl. Amnesty international 2012a.
[210] Vgl. ICG Crisis Watch September 2011.
[211] Vgl. ICG 2012: 1f.

Ein weiteres Anzeichen für den Wandel in Myanmar sind die bedeutenden Fortschritte, die im Friedensprozess mit den ethnischen Minderheiten erreicht wurden. Außer mit der *Kachin Independence Organisation* konnten mit allen bewaffneten Gruppen Waffenstillstandsvereinbarungen getroffen werden.[212] Dort, wo die Kämpfe zwischen ethnischen Widerstandsgruppen und der burmesischen Armee weitergingen, insbesondere im Kachin-Staat, wurde allerdings weiterhin von Folter, extralegalen Hinrichtungen, sexueller Gewalt, und Vertreibungen berichtet.[213] Auch die Situation der ethnischen Minderheit der Rohyngia im nördlichen Rakhine-Staat hat sich nicht verbessert, sie werden weiterhin systematisch diskriminiert und nicht als Staatsbürger Myanmars anerkannt.[214] Nach gewaltsamen Auseinandersetzungen zwischen muslimischen Rohyngia und Buddhisten in Rakhine im Mai 2012 wurde der Notstand ausgerufen, woraufhin gezielte Übergriffe und Menschenrechtsverletzungen gegen Angehörige der Rohingya durch die burmesische Armee, Polizei und Grenzschutztruppe deutlich zunahmen.[215] Nichtsdestotrotz sind in Myanmar zum ersten Mal seit Jahrzehnten deutliche Fortschritte im Demokratisierungsprozess und erhebliche Verbesserungen in der Menschenrechtslage feststellbar.

4.2 Die Reaktion der ASEAN

Mit dem politischen Wandel in Myanmar änderte sich auch der Status des Landes in der ASEAN. War es jahrelang das „schwarze Schaf" gewesen, das sich unwillig gegenüber den Sozialisationsbemühungen der Organisation zeigte und ihre internationale Reputation in Mitleidenschaft zog, so änderte sich dies jetzt. Die Fortschritte in Myanmar wurden von der ASEAN äußerst positiv begrüßt. So heißt es bereits in der gemeinsamen Stellungnahme des Außenministertreffens im Juli 2011: "We welcome the positive developments in Myanmar and continue to render our full support to Myanmar on its efforts for national reconciliation and reconsolidation."[216] Die rhetorische Unterstützung des Reformprozesses wurde auch in den Erklärungen der nachfolgenden ASEAN-Gipfel und Treffen beibehalten. Gleichzeitig versuchte die ASEAN auf Myanmar Druck auszuüben, die Dynamik dieses Reformprozess beizubehalten und ihn weiterzuführen, so betonte die Stellungnahme des ASEAN-Vorsitzenden auf dem ASEAN-Gipfel im November 2011 "the importance of maintaining a strong momentum in this regard"[217].

Im Mai 2011 bat die neue Regierung Myanmars um den ASEAN-Vorsitz für das Jahr 2014. Die Zusage im gemeinsamen Kommuniqué des Außenministertreffens im Juli 2011, die Bewerbung

[212] Vgl. Amnesty international 2012a; ICG 2012: 4f.
[213] Vgl. Amnesty international 2012b; UN 2012: 14.
[214] Vgl. Amnesty international 2012b; UN 2012: 16.
[215] Vgl. Amnesty international 2012c.
[216] ASEAN Joint Communiqué of the 44th ASEAN Foreign Ministers' Meeting 2011: Punkt 104.
[217] ASEAN Chairman's Statement of the 19th ASEAN Summit 2011: Punkt 144.

Myanmars um den Vorsitz „positiv in Erwägung zu ziehen“[218], spiegelte die Anerkennung des bereits unternommenen Reformprozesses wider. Zugleich verband der amtierende ASEAN-Vorsitzende in seiner Erklärung zum ASEAN-Gipfel die Entscheidung über den ASEAN-Vorsitz Myanmars mit dem Fortschritt im Reformprozess: "We further support these positive developments, and their continued progress contributes to promote conditions conducive for our decision to accord Myanmar the Chairmanship of ASEAN in 2014."[219] Diese Verknüpfung von Fortschritten und der Gewährung des Vorsitzes machte den Vorsitz der ASEAN so zu einem zusätzlichen Anreiz für die Regierung Myanmars, weitere Reformen durchzuführen, zu einem "social reward", mit dem die Bewegung in Richtung normkonformen Verhaltens belohnt wurde. Figge vertritt daher auch die Position, dass das „gegenwärtige Entgegenkommen der Regierung [.] vor dem Hintergrund der Bemühungen Burmas/ Myanmars um die von 2016 auf 2014 vorgezogene ASEAN Präsidentschaft zu beurteilen“ sei.[220]

Doch nicht nur die – schließlich erfolgreiche – Bitte Myanmars um den ASEAN-Vorsitz 2014 zeigte den Versuch Myanmars sich stärker in ASEAN zu engagieren, und den Versuch der ASEAN, den Reformprozess in Myanmar positiv zu unterstützen. Im Februar 2012 besuchte der Generalsekretär der ASEAN, Surin Pitsuwan, auf Einladung des burmesischen Staatspräsidenten Thein Sein das Land; dies stellte die erste Einladung Myanmars an einen ASEAN Generalsekretär überhaupt dar. Surin Pitsuwan traf sowohl Thein Sein als auch Aung San Suu Kyi und appellierte an ersteren, sich verstärkt dafür einzusetzen, dass die Nachwahlen vom 1. April 2012 transparent und korrekt abliefen.[221] Drei Wochen später lud Myanmar das ASEAN-Sekretariat und die Mitgliedsstaaten ein, Wahlbeobachter für die Nachwahlen zu entsenden[222] - ein Signal für den Willen Myanmars, ASEAN in seinen politischen Transitionsprozess mit einzubeziehen, und insbesondere vor dem Hintergrund der Wahlen 2010 bedeutsam, bei denen Myanmar die Unterstützung der ASEAN und die Entsendung von Wahlbeobachtern noch abgelehnt hatte. Der ASEAN-Generalsekretär zeigte sich im Namen der ASEAN erfreut "to lend our support to this very significant political process"[223] und nach den Wahlen höchst zufrieden mit der "orderly, fair, transparent and peaceful manner with which Myanmar has conducted its by-elections on 1 April."[224] Auch versuchte die ASEAN Myanmar zu unterstützen, indem sie die westlichen Staaten zur Aufhebung ihrer Sanktionen gegen das Land aufrief.[225]

---

[218] ASEAN Joint Communiqué of the 44th ASEAN Foreign Ministers' Meeting 2011: Punkt 104. Im Originalzitat "to positively consider" [Eigene Übersetzung].
[219] ASEAN Chairman's Statement of the 19th ASEAN Summit 2011: Punkt 144.
[220] Figge 2011: 6.
[221] Vgl. Chongkittavorn 2012: o.S.
[222] Vgl. Press release by the ASEAN Secretariat 2012a.
[223] Vgl. Press release by the ASEAN Secretariat 2012b.
[224] Press release by the ASEAN Secretariat 2012c.
[225] Vgl. ASEAN Chairman's Statement of the 20th ASEAN Summit 2012: Punkt 89.

In den Interaktionen zwischen Myanmar und der ASEAN spielten nun auch explizit „Menschenrechte“ eine Rolle. So wurde auf dem ASEAN-Gipfel im April 2012 die Wichtigkeit dessen herausgestellt, dass Myanmar die Dynamik der Reformen im Hinblick auf die Verbesserung der sozioökonomischen Situation der Menschen, guter Regierungsführung und Demokratie, *und der Förderung und des Schutzes von Menschenrechten*, beibehalte.[226] Außerdem wurde die problematische Lage im Rakhine-Staat im ASEAN-Rahmen besprochen, die ASEAN betrachtete die Situation mit Sorge und brachte diese auch gegenüber Myanmar zum Ausdruck.[227] Auf dem Außenministertreffen im Juli 2012 konnten sich die Außenminister zwar auf keine gemeinsame Abschlusserklärung einigen,[228] doch hielten sie die Situation in Myanmar anscheinend für so wichtig, dass sie eine eigene Erklärung zu Rakhine im folgenden Monat herausgaben, in der die Reaktion der burmesischen Regierung zwar positiv beurteilt wurde, sie aber auch dazu angehalten wurde die humanitäre Situation der betroffenen Menschen zu verbessern.[229]

[226] Vgl. ASEAN Chairman’s Statement of the 20th ASEAN Summit 2012: Punkt 84.
[227] Vgl. Press release by the ASEAN Secretariat 2012d, 2012e.
[228] Grund war ein Streit darüber, ob das gemeinsame Kommuniqué sich auf China und den Streit um das Südchinesische Meer beziehen sollte: die Philippinen und Vietnam waren dafür, Kambodscha – der ASEAN Vorsitzende – dagegen. Trotz aller Streitfragen in den vergangenen Jahren – gerade auch bezüglich des Umgangs mit Myanmar – war es den Außenministern bisher immer gelungen, gemäß des Konsensprinzips und Konfliktvermeidenden Ansatzes des “ASEAN ways“ einen Kompromiss zu finden. Das Außenministertreffen in Kambodscha 2012 war damit das erste, auf dem sich die Außenminister nicht auf ein Joint Communiqué einigen konnten. Vgl. Shekhar 2012: o.S.
[229] Statement of the ASEAN Foreign Ministers on the Recent Developments in the Rakhine State 2012.

IV. Vom "outpost of tyranny" zur Demokratie durch die ASEAN?

1.Wandel in Myanmar aufgrund der Sozialisation in der ASEAN?

1. 1 Die ASEAN als "teacher of norms"

Die Reaktion der ASEAN auf den Wandel in Myanmar war also durchweg positiv und unterstützend – doch welchen Einfluss hatte die ASEAN darauf, dass es zu diesem Reformprozess kommen konnte? Kann der politische Wandel in Myanmar und die Verbesserung der Menschenrechtssituation mit der Sozialisation Myanmars hinsichtlich entsprechender Normen über Menschenrechte und Demokratie erklärt werden? Die Frage soll dieser abschließende Teil IV beantworten.

Zu Beginn dieser Untersuchung wurden Normen definiert als "shared expectations about appropriate behavior held by a community of actors"[230]. Wie gezeigt werden konnte, hat die ASEAN gegenüber Myanmar solche Erwartungen angemessenen Verhaltens gesetzt und propagiert, insofern ist sie als "teacher of norms" aufgetreten. Ferner wurde deutlich, dass sich der Standard angemessenen Verhaltens der ASEAN weiterentwickelt hat: In den Anfängen der Politik des „konstruktiven Engagements" war der politische Wandel in Myanmar wenig mehr als eine vage Hoffnung; wurde nach dem Vorfall von Depayin jedoch konkretisiert (Aufhebung der Restriktionen gegenüber der Opposition, Dialog mit allen beteiligten Parteien; friedliche Transition zur Demokratie), und schließlich ergänzt um die Forderungen nach der Freilassung der politischen Gefangenen, der Abhaltung freier und fairer Wahlen, und um den Hinweis auf die Verantwortung Myanmars zur Förderung und zum Schutz der Menschenrechte.

Um Myanmar zu einem Verhalten entsprechend dieser Verhaltensstandards zu bewegen, wandte die ASEAN Sozialisationsmechanismen an. In der ersten in dieser Arbeit analysierten Phase des „konstruktiven Engagements" setzte ASEAN auf „sanfte" Überzeugung und in stiller Diplomatie ausgeübte "peer pressure". Mit Beginn des neuen Jahrtausends verfolgte ASEAN durch „verstärkte Interaktionen" einen engagierten und bisweilen deutlich kritischeren Ansatz gegenüber Myanmar. Die Situation in Myanmar wurde im ASEAN-Rahmen - auf den Treffen der Außenminister und den ASEAN-Gipfeln – besprochen und die Erwartungen an Myanmar in den Kommuniqués und Erklärungen dieser ASEAN-Treffen öffentlich kundgetan. Neben diplomatischem Lob, wenn sich Myanmar in Richtung normkonformen Verhaltens bewegte, übte die ASEAN Kritik an normverletzenden Verhalten, die angesichts des Mangels an Fortschritten in Myanmar im Laufe der Zeit deutlich schärfer ausfiel. Die Sozialisationsbemühungen der ASEAN stützten sich damit auf Strategien der "rhetorical action"[231], die Verwendung von Sprache, Argumenten, und Überzeu-

[230] Finnemore 1996: 22.
[231] Risse 1999: 352.

gungskraft. Diese kommt ohne Konditionalitäten, materielle Anreize/Sanktionen und Strafmaßnahmen aus, denn auch "in the absence of conditionality, an organization can still use the elevated position of joint statements in the name of the organization to forward statements of unalterable belief with the desire to condition a behavioural response"[232]. Die öffentlichen Stellungnahmen des Missfallens dienten daher als ein Typus der "compliance pressure", die kompatibel ist mit den Prinzipien und Normen der ASEAN, sich aber von dem westlichen Ansatz der Sanktionen und Konditionalitäten unterscheidet.[233]

Normen des "ASEAN way" (Konsens, Konsultationen, Nichteinmischung, nicht-konfrontatives Verhalten) schufen zudem eine „freundliche" Umgebung, in der Diskussionen "not as between opponents but as between friends and brothers"[234] stattfanden. Anders als die Sanktionspolitik westlicher Staaten, die als feindliche externe Einmischung in innere Angelegenheiten aufgefasst wurde und die Belagerungsmentalität der Militärjunta noch verstärkten,[235] wurden die ASEAN-Staaten als Myanmar wohlgesonnen wahrgenommen, und die ASEAN als „Familie" begriffen bzw. als Gruppe, in der Myanmar Mitglied bleiben wollte. Daher konnten die Sozialisationsbemühungen der ASEAN gegenüber Myanmar tatsächlich als "*peer* pressure" (Druck von Gleichgesinnten) verstanden werden und ihre „freundliche" Kritik nicht von vornherein als „feindliche Eimischung" abgelehnt werden. ASEAN stellte damit eine eben solche „Gemeinschaft von Akteuren" dar, wie sie im Theorieteil herausgestellt wurde: eine, die Verhaltensstandards setzt und anhand von deren Urteilen gemessen wird, welches Verhalten von Staaten angemessen ist und welches die Normen der Gemeinschaft verletzt.

1.2 Die Schwächen und Widersprüche der ASEAN als "teacher of norms"

Doch wie in dieser Untersuchung auch deutlich wurde, war die Sozialisationsleistung der ASEAN erheblich beeinträchtigt durch innere Widersprüche und Schwächen der Organisation. Augenscheinlich wurden erstens die Widersprüche in der Normenstruktur der ASEAN. Ihr Bekenntnis zu Menschenrechten und Demokratie stand hier stets in einem Spannungsverhältnis zum Prinzip der Nichteinmischung[236] in die inneren Angelegenheiten anderer Staaten. Das Nichteinmischungsprinzip, zusammen mit anderen Normen des sogenannten "ASEAN Way", wie dem Konsens-Prinzip und dem nicht-konfrontativen Verhandlungsstil, erschwerten es der ASEAN offene Kritik an innenpolitischen Vorgängen in Myanmar zu üben und kollektive Maßnahmen zu ergreifen. Zudem konnte das Nichteinmischungsprinzip von Myanmar dazu verwendet werden, Kritik der

[232] Davies 2011: 11.
[233] Vgl. Davies 2011: 2-12.
[234] Dr. Subiandro, indonesischer Außenminister, zitiert in Acharya 2001: 68.
[235] Vgl. Pedersen 2008: 229f.
[236] Der strikten Anwendung des Nichteinmischungsprinzips wird jedoch insofern seine Berechtigung zugestanden, dass es dazu beitrug Frieden und Stabilität in der Region zu sichern und Kooperation unter den ASEAN überhaupt erst zu ermöglichen. Vgl. David 2003: 368; Haacke 2010: 159; Kraft 2005: 8.

anderen ASEAN-Staaten an den Menschenrechtsverletzungen und mangelnden Fortschritten im politischen Liberalisierungsprozess abzuwehren.

Als ein zweites Problem für die ASEAN, effektiv als "teacher of norms" zu wirken, erwies sich ihr Mangel an Verbindlichkeit, Compliance-Mechanismen und Sanktionsmöglichkeiten. Über "rhetorical action" und "peer pressure" hinausgehend, schien die ASEAN keine Strategie darüber definiert zu haben, wie sie Normen „lehren" kann. Der Mangel an Compliance-Mechanismen und Sanktionsmöglichkeiten wurde dann deutlich, wenn Myanmar sich ganz offensichtlich nicht an den Standard angemessen Verhaltens hielt, wie bei der Niederschlagung der *Saffron Revolution* 2007 oder den unfreien und unfairen Wahlen 2010. Ignorierte das Land so "rhetorical action" und "peer pressure" der ASEAN, stand die Organisation dem hilflos gegenüber. Selbst durch die *ASEAN Charter* wurde nicht festgeschrieben, wie Verstöße gegen die Charta geahndet werden sollen. Auch gibt es keine regionale Vereinbarung, was genau den Standard angemessenen Verhaltens darstellt, gegen den "compliance" bewertet werden kann; so fehlt bislang eine „ASEAN-eigene" Menschenrechtsdeklaration, die die Standards angemessenen Verhaltens präziser als das allgemeine Bekenntnis zu Menschenrechten festlegen würde, und auf die sich die ASEAN bei ihren Sozialisationsbemühungen beziehen könnte.[237]

Außerdem wurde die Ausübung von Sozialisationsdruck durch die ASEAN dadurch behindert, dass der Konsens der ASEAN über Menschenrechtsnormen nicht gesichert ist. Das Bekenntnis zu Menschenrechen und Demokratie in der ASEAN Charta darf nicht darüber hinwegtäuschen, dass es sich bei der ASEAN um eine politisch äußerst heterogene Organisation handelt. Das Thema Menschenrechte in der ASEAN wurde hauptsächlich von den Philippinen, Thailand und Indonesien vorangetrieben; Singapur und Malaysia sind diesbezüglich eher zurückhaltend, während Myanmar, Kambodscha, Laos, und Vietnam abweisend reagieren, weichen ihre politische Systeme doch wesentlich von den Standards einer liberalen Demokratie ab.[238] Die Position, die die ASEAN gegenüber Myanmar einnehmen konnte, war daher auch stets ein Kompromiss zwischen den demokratischen ASEAN-Staaten, die sich für Menschenrechte allgemein und in Bezug auf Myanmar ganz besonders einsetzten; und den nicht-demokratischen Mitgliedsstaaten.[239] Auch konnte in dieser Arbeit beobachtet werden, dass die jeweilige Botschaft, die von den ASEAN-Gipfeln ausging, von dem den ASEAN-Vorsitz inne habenden Staat abhing: so erinnerte Thailand im Kontext der Verlängerung des Hausarrests Aung San Suu Kyis 2009 Myanmar ausdrücklich an

[237] Vergleichbare Menschenrechtskonventionen und –erklärungen regionaler Zusammenschlüsse wären in Europa die Europäische Menschenrechtskonvention (überwacht vom Europäischen Gerichtshof für Menschenrechte), die Amerikanische Menschenrechtskonvention der OAS (Inter-Amerikanischer Gerichtshof für Menschenrechte), die Banjul Menschenrechtscharta der OAU (Afrikanische Kommission und Afrikanischer Gerichtshof für Menschenrechte) sowie die Arabische Charta der Menschenrechte der Arabischen Liga. Vgl. Herdegen 2011: 346-356.

[238] Vgl. Hsien-Li 2011: 10-12; Kraft 2005: 7.

[239] Vgl. Davies 2011: 6f.; Haacke 2010: 167f.

seine Verantwortung als ASEAN-Mitglied, Menschenrechte zu schützen und zu fördern; als Vietnam hingegen ASEAN-Vorsitzender war, äußerte die ASEAN keine Kritik an den unfairen und unfreien Wahlen 2010. Die Rolle der ASEAN als "teacher of norms" wies daher Inkohärenzen und Inkonsistenzen auf.

Wie in der vorliegenden Untersuchung deutlich geworden ist, behinderten diese inneren Widersprüche und Schwächen, dass die ASEAN eine effektive Rolle als "teacher of norms" einnehmen konnte. Damit verringerten sie ganz entscheidend den sozialisierenden Einfluss, den die ASEAN auf Myanmar in Bezug auf politische Reformen und die Akzeptanz und Einhaltung von Menschenrechtsnormen nehmen konnte.[240]

1.3 Die Verweigerungshaltung Myanmars

Eine sozialisierende Wirkung der ASEAN scheiterte jedoch auch an der Obstruktionshaltung der burmesischen Generäle. Mochten einige ASEAN-Staaten beim Beitritt Myanmars die Hoffnung gehabt haben, dass ASEAN auf eine politische Liberalisierung in dem Land hinwirken könnten, so wurde recht schnell deutlich, dass sich die Militärjunta dahingehenden Einflussversuchen widersetzte, und dies mit dem Hinweis auf das Prinzip der Nichteinmischung in die inneren Angelegenheiten anderer Staaten oder dem Imperativ nationaler Sicherheit rechtfertigte.[241] Die Militärjunta zeigte sich weitgehend gleichgültig gegenüber der Kritik der ASEAN an ihrer Politik und auch darüber, was die problematische Situation in Myanmar für die internationale Reputation der ASEAN bedeutete. Die Obstruktionshaltung Myanmars gegenüber den Sozialisationsversuchen der ASEAN wurde deutlich, als die Militärjunta den Besuch des ASEAN-Vorsitzenden Syed Hamid 2006 zwei Mal verschob, abkürzte und behinderte; als sie 2007 das Briefing durch den UN-Sondergesandten Gambari verhinderte, oder als sie das Angebot der ASEAN, Myanmar bei der Durchführung der Wahlen 2010 zu unterstützen und Wahlbeobachter zu entsenden brüsk ablehnte. Die blutige Niederschlagung der *Saffron Revolution* gerade zu dem Zeitpunkt, als die ASEAN-Staaten einschließlich Myanmar die *ASEAN Charter* beschlossen, ließen das Bekenntnis zu Demokratie und Menschenrechten der gesamten ASEAN höchst fragwürdig erscheinen. Die Militärregierung vollzog ihren Fahrplan zur „gelenkten" Demokratie, ohne die Erwartungen der ASEAN groß zu beachten, so verhallten auch die Forderungen der ASEAN nach „freien und fairen Wahlen" ungehört.

---

[240] Nicht unerwähnt bleiben sollen wirtschaftliche und geopolitische Interessen der ASEAN-Staaten, die sie davon abhielten, eine kritischere Haltung gegenüber Myanmar zu vertreten und stärkeren Sozialisationsdruck auszuüben. So profitieren vor allem Thailand, Singapur und Malaysia von Investitionen in Myanmar und vom Handel mit dem Land, das über reiche Rohstoffvorkommen (insbesondere Erdgas) verfügt. Geopolitisch befürchteten die ASEAN Staaten, mit schärferer Kritik die burmesische Militärjunta noch stärker in die Arme Chinas zu treiben. Vgl. Haacke 2010: 168f.

[241] Vgl. Haacke 2010: 169; Hofmeister 2010: 80.

Noch 2010 – nach 13 Jahren Mitgliedschaft in der ASEAN – hatte sich die Menschenrechtslage in Myanmar nicht verbessert und eine tatsächliche politische Liberalisierung des Landes erschien – trotz der neuen Verfassung und der neuen Wahlen – unwahrscheinlich. Die Motivlage, die Staaten Finnemore und Sikkink zufolge dazu veranlasst zu normkonformen Verhalten überzugehen – Legitimation, Konformität und Wertschätzung – schien bei Myanmar nicht vorzuliegen. Das Beispiel Myanmar zeigt auch, dass eine Sozialisation von Staaten bezüglich bestimmter Normen durch eine internationale Organisation, zumindest wenn sie auf "rhetorical action" basiert, nur dann erfolgreich sein kann, wenn die Sozialisationsbemühungen auf Entgegenkommen des adressierten Staats und eine Bereitschaft sich anzupassen stößt.

1.4 Ergebnis: Die ASEAN als "teacher of norms" und der Wandel in Myanmar

Mit dem Beitritt zur ASEAN wurde Myanmar Mitglied einer Gemeinschaft von Staaten, die eine Erwartungshaltung bezüglich angemessenen Verhaltens ihrer Mitglieder besitzt und propagiert. Die Art und Weise, wie sich der Wandel 2011/ 2012 in Myanmar vollzogen hat, spiegelt diese Normen der Gemeinschaft wieder: Freilassung der politischen Gefangenen, Dialog mit der Opposition und Aufhebung der Restriktionen gegen sie, Fortschritte im nationalen Versöhnungsprozess mit den ethnischen Minderheiten und im Demokratisierungsprozess.

Diese Bewegung in Richtung normkonformen Verhaltens könnte mit der von Finnemore und Sikkink dargestellten Motivlage von Staaten zur Normenkonformität erklärt werden: Die neue formell zivile Regierung unter Präsident Thein Sein kann durch den Übergang zur Normenkonformität Wertschätzung und internationale Legitimation erreichen. Die Anerkennung des Reformprozesses durch die anderen ASEAN-Staaten erhöht das Ansehen und die Glaubwürdigkeit der neuen Regierung und erleichtert damit nicht nur ihre Beziehungen zu anderen Staaten, sondern erhöht auch ihre Legitimität im innenpolitischen System. Letzteres erscheint insbesondere deshalb relevant, weil die neue Regierung Myanmars nicht mehr wie die ehemalige Militärjunta ihre Herrschaft auf Zwang und Gewalt aufbaut, sondern gewählt ist – und wiedergewählt werden will. Zudem streben Staaten Finnemore und Sikkink zufolge nach Konformität, denn dadurch, dass ihr Verhalten mit dem der anderen Staaten der Gruppe übereinstimmt, zeigen sie, dass sie Teil dieser Gruppe sind. Indem das Verhalten Myanmars sich an die Normen der ASEAN anpasst, und es sich so verstärkt in die Gruppe integriert, wird sein Status als Gruppenmitglied erhöht – wie es in der Gewährung des ASEAN-Vorsitzes 2014 an Myanmar wohl am deutlichsten zutage tritt.

Andererseits konnte eine kausale Kette im Sinne einer sich stetig vertiefenden Sozialisation Myanmars in die ASEAN, die schließlich zum politischen Wandel 2011/ 2012 führt - trotz der Sozialisationsbemühungen der ASEAN - nicht identifiziert werden. Dazu wies die Rolle der ASEAN als "teacher of norms" zu viele Schwächen und Inkonsistenzen auf; und Myanmar zeigte keine Bereitschaft, sich den von der ASEAN propagierten Verhaltensstandards anzupassen. Eine Bewegung Myanmars in Richtung normkonformen Verhaltens, die über punktuelle Zugeständnisse hinaus ging, war im gesamten untersuchten Zeitraum von 1992 bis 2011 nicht zu erkennen. Auch konnte für die Zeit nach den Wahlen 2010 keine Intensivierung der Sozialisationsbemühungen der ASEAN festgestellt werden, die die These eines kausalen Einflusses der ASEAN als "teacher of norms" auf den Wandel 2011/2012 in Myanmar erhärten würde. Insofern scheint Staatspräsident Thein Sein mit seiner am Anfang dieser Arbeit zitierten Behauptung Recht zu behalten, dass Myanmar den Wandel nicht aufgrund von externem Druck – zumindest nicht aufgrund des Sozialisationsdrucks der ASEAN – begonnen hat. Bezeichnend ist in diesem Zusammenhang auch, dass der Staatspräsident in seiner Rede anlässlich des einjährigen Bestehens seiner Regierung in seiner Aufzählung, wer Anteil an der erfolgreichen Transition Myanmars habe, die ASEAN nicht einmal erwähnte:

> [...] our democratization process is a successful transition which the people can take as a model with great admiration. Who deserves credit? Not only the government, but also all the stakeholders including political parties, civil societies, members of the Hluttaws [der Parlamente, A.d.V], the judicial pillar, the fourth estate media, national race leaders and the Tatmadaw [das burmesische Militär, A.d.V] have been harmoniously taking part in the respective sectors to reach this situation.[242]

Angesichts der oben genannten Gegenargumente scheint eine sozialisierende Rolle der ASEAN ungenügend, um den Wandel in Myanmar zu erklären. Daher sollen im folgenden Abschnitt einige theoriegeleitete Überlegungen angestellt werden, welche Erklärungsfaktoren ebenfalls zu berücksichtigen sind. Zu untersuchen, ob diese eine bessere Erklärung für den politischen Reformprozess in Myanmar darstellen, könnte ein wertvoller Beitrag weiterer Forschung sein.

[242] President of the Republic of the Union of Myanmar Thein Sein (2012): o.S.

2. Alternative Erklärungen

Aus der Sichtweise realistischer Theorien betrachtet geht es auch im internationalen Menschenrechtsschutz primär um Macht: Mächtige Staaten instrumentalisieren Menschenrechte für ihre Machtpolitik, und können deshalb unter bestimmten Umständen daran interessiert sein, Menschenrechtsverletzungen anderer Staaten zu kritisieren und Menschenrechte in anderen Staaten durchzusetzen. Hegemonialer Zwang kann dann zur Annahme von Menschenrechtsnormen durch die adressierten Staaten führen.[243] Nach dieser Erklärung müsste es also zu größerer Normenkonformität in Myanmar gekommen sein, weil mächtigere Staaten dies mit Zwangsmaßnahmen durchgesetzt haben. Einen möglichen Erklärungsfaktor für den Wandel in Myanmar könnten damit die scharfen Sanktionen der USA und der EU darstellen, die darauf abzielten, die Militärjunta zu isolieren und zu politischen Reformen zu zwingen. Andererseits werden die Sanktionen von einigen Autoren als kontraproduktiv angesehen, da sie den Argwohn und die Feindseligkeit der burmesischen Generäle gegenüber der Außenwelt noch verstärkten, den politischen Stillstand in Myanmar zementierten, die humanitäre Situation verschlimmerten, und zu keinerlei Verbesserungen in der Menschenrechtssituation beitrugen.[244] Auch angesichts dessen, dass die Sanktionen jahrelange bestanden, ohne dass die Generäle Entgegenkommen oder Reformwillen zeigten, scheint die Erklärungskraft von Sanktionen beschränkt.

Dennoch ist in der realistischen Sichtweise ein Aspekt zu finden, der möglicherweise einen Erklärungsfaktor für den Wandel in Myanmar liefern könnte. Denn Menschenrechte werden aufgrund des machtpolitischen Interesses eines (liberalen) Hegemons durchgesetzt, der seine Interessen gegenüber anderen liberalen Staaten besser durchzusetzen vermag als gegenüber nicht liberalen Staaten.[245] Dies rückt die Aufmerksamkeit auf das in den letzten Jahren gesteigerte Interesse der USA in Asien und die Machtkonkurrenz zwischen den USA und China. Hinter der neuen Asien-Strategie der USA steht sowohl der Versuch, in der Region ein stärkeres Gegengewicht gegenüber China aufzubauen ("balancing") als auch gewichtige Wirtschaftsinteressen. Myanmar kommt in diesem Zusammenhang eine große Bedeutung zu – geostrategisch als Brücke zwischen Indien und China, und weil es über reiche Bodenschätze verfügt.[246] Und tatsächlich ist ein verstärktes Interesse der USA an Myanmar zu beobachten: Unter Präsident Obama modifizierten die USA 2009 ihre Politik gegenüber Myanmar, begannen ein „pragmatisches Engagement" und nahmen den Dialog mit Vertretern des Landes wieder auf.[247] Als sich 2011 dann tatsächlich politische Reformen in Myanmar abzeichneten, erfuhr das Land eine weitere Aufwertung durch den Besuch hochrangiger

[243] Vgl. Schimmelfennig 2008: 276.
[244] Vgl. Boisseau du Rocher 2012: 10; Pedersen 2008: 220-243.
[245] Vgl. Schimmelfennig 2008: 276.
[246] Vgl. Chaturvedi 2012 : o.S ; Effner / Schulz 2012 : 4.
[247] Vgl. Chachavalpongpun 2010 : 167 ; Haacke 2010: 174.

US-Politiker, darunter Außenministerin Hillary Clinton.[248] Die Frage, ob die USA wirklich als ein "liberaler Hegemon" aufgetreten sind, und ob dies einen Einfluss auf den Wandel in Myanmar gehabt hat, scheint für weitere Forschung von Interesse.

Im Gegensatz dazu scheint der politische Wandel in Myanmar nicht im machtpolitischen Interesse Chinas zu liegen, das seit den späten 1980er Jahren enge diplomatische, militärische, wirtschaftliche und energiepolitische Beziehungen zu Myanmar besitzt. Der Einfluss Chinas war so groß, dass einige Autoren Myanmar als seinen Satellitenstaat bezeichneten,[249] doch könnte sich mit dem Wandel in Myanmar der chinesische Einfluss auf das Land verringern. Anzeichen für eine Emanzipierung werden bereits in dem Stopp des durch China finanzierten und betriebenen Myitsone-Staudammprojekts durch die neue burmesische Regierung gesehen.[250] Die politischen Reformen, und die dadurch möglich gewordene Annäherung an den Westen, könnten insofern auch als ein Versuch Myanmars gesehen werden, sich von der übermäßigen Abhängigkeit von China zu befreien und die nationale Unabhängigkeit und Souveränität zu wahren. Den Einfluss dieses Faktors auf den politischen Wandel in Myanmar zu untersuchen erscheint ebenfalls als lohnend.

Präferenzorientierte liberale Theorien legen den Fokus auf innenpolitische Präferenzbildungsprozesse als Erklärungsfaktor. Aus dieser Sicht ist jede nationale Gesellschaft von einem ständigen Wettbewerb zwischen verschiedenen Einzel- und Gruppeninteressen geprägt. Welche dieser Interessen über den innerstaatlichen Aushandlungsprozess schließlich die Politik der Regierung formt, hängt vor allem vom politischen System und den Machtverhältnissen zwischen den konkurrierenden sozialen Akteuren des Staates ab.[251] Internationaler Druck – egal ob materiell (Sanktionen) oder immateriell (Sozialisation) - ist daher weit weniger bedeutsam als innerstaatliche Strukturen und dominierende gesellschaftliche Gruppen. Der politische Wandel in Myanmar könnte so möglicherweise auf einen Wechsel in den gesellschaftlichen Machtverhältnissen zurückgeführt werden. Doch die Oppositionspartei NLD und andere Kräfte in Myanmar versuchten seit Jahrzehnten auf einen demokratischen Wandel hinzuwirken, jede Demokratiebewegung wurde vom burmesischen Militär aber unterdrückt, die Proteste 1988 und 2007 blutig niedergeschlagen, das Wahlergebnis der Wahlen 1990 ignoriert und die Oppositionskräfte in den gesamten Prozess der „Roadmap towards democracy" nicht eingebunden. Die NLD boykottierte zudem die Wahlen 2010, sodass der politische Wandel in Myanmar 2011/ 2012 offenbar nicht auf einen Machtwechsel zurückgeführt werden kann.

---

[248] Vgl. Chaturvedi 2012: o.S.; Effner / Schulz 2012: 4.
[249] Vgl. Effner / Schulz 2012: 4; McCarthy 2008: 913-916.
[250] Vgl. Chaturvedi 2012 : o.S.
[251] Vgl. Schieder 2010: 192-197. Schieder bezieht sich insbesondere auf Moravcsik.

Alternativ könnten sich die Präferenzen geändert haben, die die dominierende gesellschaftliche Kraft in Myanmar, das Militär, vertritt. Acharya beispielsweise zeigt eine zunehmende Frustration unter der führenden Elite mit dem Status quo auf, und ihren Wunsch nach positiver Veränderung und Ausbrechen aus der Isolation des Landes.[252] Reformorientierte Kräfte scheinen sich auch in der neuen burmesischen Regierung durchgesetzt zu haben.[253] Inwiefern der politische Wandel in Myanmar daher rein auf innenpolitische Erklärungsfaktoren zurückzuführen ist, ohne dass internationaler Druck eine Rolle gespielt hat, sollte ebenfalls in weiterer Forschung untersucht werden.

In beiden Argumentationslinien kann zudem eine Rolle für ASEAN gesehen werden. Mit dem ASEAN Beitritt eröffnete sich Myanmar eine Alternative zu einer isolationistischen Außenpolitik bzw. einer Außenpolitik, die sich nur auf China fokussierte, und könnte daher als ein erster Schritt gesehen werden, die übermäßige Abhängigkeit von China auszubalancieren. Indem die Generäle zudem an den ASEAN-Gipfeln und Außenministertreffen teilnahmen, traten sie in Kontakt mit der Welt außerhalb Myanmars und die persönlichen Kontakte zwischen Regierungsmitgliedern Myanmars und der anderen ASEAN-Staaten intensivierten sich. So konnten die burmesischen Generäle erfahren, wie in anderen ASEAN-Staaten eine freiere Wirtschaft und Politik Wohlstand mit sich brachten; was zu einer Veränderung ihrer Präferenzen geführt haben könnte.[254] Insofern könnte durchaus eine Rolle für ASEAN gesehen werden, wenngleich ein eindeutiger Einfluss ihrer Sozialisationsbemühungen auf den Wandel 2011 und 2012 – ein Erfolg ihrer Rolle als „teacher of norms" - nicht aufgezeigt werden konnte.

---

[252] Vgl. Acharya 2012: 3.
[253] Vgl. Effner / Schulz 2012: 3.
[254] Vgl. Boisseau du Rocher 2012: 12.

3. Theoriekritik und Kritik der eigenen Vorgehensweise

Die alternativen Erklärungsfaktoren weisen auf die Bedeutung von innerstaatlichen Prozessen und Akteuren hin, die in dieser Analyse nicht berücksichtigt wurden. Dies ist vor allem der Theoriewahl geschuldet, die rein auf der systemischen Ebene verbleibt. Dies erlaubt eine Fokussierung auf die Beziehung zwischen der Struktur / der sozialisierenden Organisation und dem sozialisiertem Staat (in diesem Fall zwischen der ASEAN und Myanmar), doch werden die Mechanismen, durch die die internationalen Normen von der systemischen Ebene in die innerstaatliche Ebene gelangen, nicht expliziert. Zwar weisen Finnemore und Sikkink auf die Motive hin, warum Staaten internationale Normen übernehmen (Legitimation, Konformität, Wertschätzung), vernachlässigen aber das „wie". Damit scheint nur ein Teil des Sozialisationsprozesses erklärt, nämlich wie die internationale Organisation Normen „lehrt", doch nicht wie der zu sozialisierende Staat die Normen „empfängt" und wie sie in der innenpolitischen Ebene Wirkung entfalten. Die „kausale Kette" bleibt auf der systemischen Ebene stehen.

Der zu sozialisierende Staat erscheint so als "black box" – innerstaatliche Prozesse, Institutionen und Akteure, die in den Sozialisationsprozess intervenieren, können nicht in die Analyse einbezogen werden. Relevante Akteure könnten politische (oppositionelle) Gruppen und Nichtregierungsorganisationen sein, die versuchen die internationale Norm gegen die Regierung durchzusetzen, und sich möglicherweise mit der sozialisierenden internationalen Organisation zu einem transnationalen Netzwerk zusammenschließen, um den Druck auf die Regierung zu erhöhen.[255] Die Interaktionen und Machtverhältnisse zwischen Normbefürwortenden und Normablehnenden Akteuren im Staat selbst scheinen insofern von Bedeutung. Die Regierung könnte Normen auch aus strategischem Kalkül akzeptieren, um ihre Macht zu erhalten und materielle Interessen zu schützen. Diese Überlegungen sollten als Beispiel dafür dienen, welche Faktoren in der Analyse nicht berücksichtigt werden konnten, dabei erscheint gerade für eine Untersuchung des politischen Wandels Myanmars – mit der herausragenden gesellschaftlichen und politischen Stellung des Militärs – die Einbeziehung innerstaatlicher Akteure und Prozesse von Bedeutung.

Eine theoretische Anbindung der systemischen Ebene an die innerstaatliche Ebene könnte auch zur Klärung der Frage beitragen, warum sich ein Staat der Sozialisation durch eine internationale Organisation verweigert bzw. unter welchen Umständen ein Staat bereit ist seine Ablehnung zu einer den Sozialisationsbemühungen der internationalen Organisation gegenüber empfänglichen Position zu verändern. Auch kann sie den Augenmerk darauf legen, durch welche Prozesse eine internationale Norm nicht nur nominell angenommen, sondern tatsächlich Eingang in die staatli-

---

[255] Dies folgt der Logik, wie sie Risse et al. mit dem Modell der transnationalen Menschenrechtsnetzwerke beschrieben haben. Vgl. Gränzer, Sieglinde/ Jetschke, Anja/ Risse, Thomas/ Schmitz, Hans Peter (1998): Internationale Menschenrechtsnormen, transnationale Netzwerke und politischer Wandel in den Ländern des Südens, in: Zeitschrift für Internationale Beziehungen, 1, 5-41.

che Praxis erfährt, zu Regelbefolgung und staatlichem Wandel führt. Eine Analyse, die nicht nur die Beziehungen zwischen sozialisierender Organisation und sozialisiertem Staat sondern auch die Dynamik im Staat selbst in den Blick nimmt, könnte aus diesen Gründen einen erhöhten Erklärungswert besitzen.

Methodische Schwierigkeiten ergaben sich zum einen aus der Behandlung der ASEAN als einheitlichem Akteur. War von „der ASEAN“ die Rede, wurde die bedeutende politische Heterogenität der ASEAN Staaten außen vor gelassen; und es wurde nicht deutlich, ob tatsächlich die ASEAN als Kollektiv Druck auf Myanmar ausübten, oder nur die demokratischen und engagierten Staaten. Auch verfolgten einige Staaten, insbesondere Indonesien, Thailand und die Philippinen eigene Initiativen in ihrer Außenpolitik gegenüber Myanmar (außerhalb des ASEAN Rahmens),[256] die in dieser Untersuchung nicht berücksichtigt wurden, aber möglicherweise zum Sozialisationsdruck beigetragen haben. Die Behandlung von ASEAN als einheitlichem Akteur ist in diesem Sinne eine simplifizierende Analyse. Andererseits werden Entscheidungen der ASEAN im Konsens getroffen, damit können die gemeinsamen Kommuniqués, deren Analyse in dieser Untersuchung heraus-stand, zumindest nominell als gemeinsame Position der ASEAN gegenüber Myanmar angesehen werden. Zudem stand hier bewusst die Analyse der Sozialisation eines Staats durch eine *internationale Organisation* im Vordergrund, denn die aufgestellte Hypothese lautete, dass der politische Wandel in Myanmar mit der Sozialisation des Staats durch die ASEAN – als Kollektiv - erklärt werden könne.

Ein weiteres methodisches Problem ergab sich daraus, dass die Intensität des Sozialisationsdrucks, der durch die ASEAN auf Myanmar ausgeübt wurde, schwierig zu bewerten war. In der Analyse wurde vor allem auf die öffentlichen Stellungnahmen der Außenministertreffen und ASEAN Gipfel abgestellt, doch in welchem Ausmaß hinter geschlossenen Türen und in informellem Rahmen Druck auf Myanmar ausgeübt wurde, ist schwierig zu beurteilen. Dies zu evaluieren wäre jedoch gerade im Hinblick auf die Präferenz der ASEAN für stille Diplomatie relevant gewesen. Der durch die ASEAN auf Myanmar ausgeübte Druck müsste so möglicherweise im Einzelnen anderes bewertet werden. Dennoch glaubt die Autorin, dass sie durch die Methode des "process tracing" unter Berücksichtigung der veröffentlichten Stellungnahmen der ASEAN zu wertvollen Erkenntnissen über die Rolle der ASEAN als "teacher of norms" und ihren Einfluss auf den Wandel in Myanmar gelangt ist.

[256] So initiierte Thailand den "Bangkok Process", ein multilaterales Forum, in dem China, Japan, Staaten der ASEAN und der EU mit Myanmar zusammenkamen, um die dortige Situation zu besprechen. Vgl. Haacke 2005: 193-195. Mit der Transition Indonesiens von der Militärherrschaft unter General Suhorta zu einem demokratisch gewählten Präsidenten wurde betont, dass Myanmar vom Beispiel Indonesiens lernen könnte. Vgl. Rahim 2008: 83.

Die Aussagen über die ASEAN als "teacher of norms" mit Schwachstellen würden zudem an Validität gewinnen, würden sie sich nicht nur auf die "single case study" Myanmar, sondern auf vergleichende Studien – beispielsweise einem Vergleich mit der Rolle der ASEAN in Kambodscha – stützen. Auch hierin liegt weiterer Forschungsbedarf.

4. Ausblick

Auch wenn der Umfang und die Reichweite der von der neuen zivilen Regierung angestoßenen politischen Reformen beeindruckend sind, sind bei weitem nicht alle Probleme des Landes gelöst, noch ist der Wandel in Myanmar unumkehrbar. Die Beilegung der ethnischen Konflikte stellt eine große Herausforderung dar und eine Lösung im Sinne eines positiven Friedens wird viel Zeit brauchen. Noch immer kommt es zu schwerwiegenden Menschenrechtsverletzungen vor allem gegen Angehörige ethnischer Minderheiten. Auch hat das Militär weiterhin eine dominierende Stellung im burmesischen politischen System, die es nicht zuletzt durch die Bestimmung in der Verfassung, dass ein Viertel der Sitze im Parlament für Angehörige des Militärs reserviert sind, zementiert hat. Wie das Militär reagieren wird, sollte die NLD wie in den Nachwahlen 2012 auch in den allgemeinen Parlamentswahlen 2015 einen haushohen Sieg erringen, erscheint ungewiss.

Doch momentan scheint Präsident Thein Sein entschlossen, die politische Liberalisierung und Öffnung Myanmars weiter voranzutreiben, ein Engagement, das er auch in seiner Rede vor dem Parlaments ein Jahr nach Regierungsantritt zum Ausdruck brachte:

> Have we already completed building a new nation where genuine democracy and eternal principles flourish? No, we still have much more to do. [...] Our democracy will become firmer and firmer if we walk on this path with the resolve that there is no turning back while setting aside differences and working together on common ground.[257]

Welche Rolle wird die ASEAN zukünftig spielen können? In der Bitte Myanmars um den ASEAN Vorsitz 2014 zeigte sich erstens, dass die ASEAN für Myanmar Relevanz besitzt und zweitens, dass das Land bereit ist, sich in der ASEAN zu engagieren.

In Bezug auf die Einhaltung von Menschenrechtsnormen durch Myanmar könnte sich eine neue Dynamik für die ASEAN, tatsächlich als "teacher of human rights norms" zu wirken, aus der *ASEAN Intergovernmental Commission on Human Rights* (AICHR) entwickeln. Diese hat das Mandat "to promote and protect human rights and fundamental freedoms of the peoples of ASEAN"[258]. Die bisherige Bilanz der AICHR, die 2009 ihre Arbeit aufnahm, ist allerdings eher bescheiden, was vor allem auf die Restriktionen ihres Mandats zurückzuführen ist.[259] Ebenso steht die *ASEAN*

[257] President of the Republic of the Union of Myanmar Thein Sein 2012: o.S.

[258] TOR of the AICHR 2009: Art. 1.1.

[259] Die AICHR soll Menschenrechte stets unter Berücksichtigung nationaler und regionaler Besonderheiten und des „Gleichgewichts zwischen Rechten und Pflichten" fördern (vgl. TOR of the AICHR 2009: Art. 1.4), was an die Relativierungen von Menschenrechten aus der Asian values Debatte erinnert. Für die Kommission gelten die Prinzipien der ASEAN, insbesondere Konsens, Konsultationen, nicht-konfrontativer Verhandlungsstil und das Nichteinmischungsprinzip (vgl. TOR of the AICHR 2009: Art. 2.4-6.3). Außerdem hat sie hat weder die Möglichkeit Menschenrechtsverletzungen in den Mitgliedsstaaten zu untersuchen, noch Beschwerden von Einzel-personen entgegenzunehmen, und auch keine Sanktionsmöglichkeiten bei Menschenrechtsverstößen durch die Mitgliedsstaaten. Auch in der Praxis ist die Bilanz der AICHR bislang bescheiden, so hat sie sich weder zu lange andauernden Menschenrechtsverletzungen wie in Myanmar noch zu aktuellen Vorgängen wie dem Massaker von Maguindanao in den Philippinen im November 2009 geäußert. Vgl. Durbach/ Renshaw/ Byrnes 2009; Hsien-Li 2011: 160f.; Stolle 2011: 11.

Declaration of Human rights (ADHR), die im November 2012 verabschiedet werden soll,[260] bereits jetzt in der Kritik, aufgrund der mangelnden Einbindung der Zivilgesellschaft in den Prozess ihrer Ausarbeitung, und weil auf Grundlage eines im Januar 2012 durchgesickerten Entwurfs befürchtet wird, dass die in ihr niedergelegten Menschenrechtnormen hinter internationalen Standards zurückbleiben werden.[261] Dennoch könnte die ADHR zukünftig klar definierte Normen bereitstellen, die den Standard angemessenen Verhaltens der ASEAN in Bezug auf Menschenrechte festlegen, und auf die sich die ASEAN in ihrer Rolle als "teacher of human rights norms" beziehen kann. Auch die AICHR könnte sich mit der Zeit zu einem Gremium entwickeln, dass ihr restriktives Mandat erweitert, aktiv die Durchsetzung von Menschenrechten in den Mitgliedsstaaten fördert, und die Einhaltung von Menschenrechtsnormen überwacht. Dass die AICHR bzw. die ASEAN allgemein verstärkt auf höhere Menschenrechtsstandards hinwirken wird, erscheint gerade dann wahrscheinlich, wenn das Bewusstsein für Menschenrechte in den Gesellschaften der ASEAN Länder weiter wächst. So ist die begonnene Demokratisierung in Myanmar vielleicht auch eine Chance für eine effektivere Rolle der ASEAN als "teacher of human rights norms".

[260] Vgl. TOR of the AICHR; ASEAN Chairman's Statement of the 20th ASEAN Summit 2012: Punkt 33.
[261] Vgl. Robertson 2012a: o.S.; Robertson 2012b: o.S.

Literaturverzeichnis

Acharya, Amitav (1995): Human rights and Regional Order: ASEAN and Human Rights Management in Post-Cold War Southeast Asia, in: Tang, J.T.H. (Hrsg.): Human Rights and International Relations in the Asia Pacific. London & New York: Pinter, 167-182.

Acharya, Amitav (2001): Constructing a Security Community in Southeast Asia. ASEAN and the problem of regional order. London & New York: Routledge.

Acharya, Amitav (2004): How Ideas Spread: Whose Norms Matter? Norm Localization and Institutional Change in Asian Regionalism, in: International Organization, 58, 239-275.

Acharya, Amitav (2012): ASEAN and Burma/Myanmar: Past and Prologue, in: The Elliott School of International Affairs - Sigur Center for Asian Studies: Policy Brief. Online verfügbar unter: http://www.risingpowersinitiative.org/wp-content/uploads/policybrief_apr2012_aseanmyanmar.pdf (zuletzt abgerufen am 11.09.2012).

Arendshorst, John (2009): The Dilemma of Non-Interference: Myanmar, Human Rights, and the ASEAN Charter, in: Northwestern Journal of International Human Rights, 8 (1), 102-121.

Bauer, Joanne R. / **Bell**, David A. (1999): Introduction, in: Bauer, Joanne R./ Bell, David A. (Hrsg.): The East Asian challenge for human rights. Cambridge: Cambridge University Press, 3-26.

Boisseau du Rocher, Sophie (2012): The European Union, Burma/Myanmar and ASEAN: A challenge to European norms and values or a new opportunity?, in: Asia Europe Journal, 10 (2-3), 165-180.

Caballero-Anthony, Mely (2010): Myanmar's 2010 elections: boon or bane for ASEAN's political and security community?, in: Scott, Shirley (Hrsg.): Democracy and Discontent. The 2010 elections in Myanmar. Deakin: The Australian Institute of International Affairs, 25-32. Online verfügbar unter: http://www.rsis.edu.sg/nts/resources/db/uploadedfiles/aiia-policy-commentary-the-2010-elections-in-myanmar.pdf (zuletzt abrufen am 11.09.2012).

Chachavalpongpun, Pavin (2010): The Last Bus to Naypyidaw, in: Rieffel, Lex (Hrsg.): Myanmar/ Burma. Inside Challenges, Outside Interests. Washington D.C.: Brookings Institution Press, 166-181.

Chaturvedi, Medha (2012): Myanmar and the West. Economics of Politics. New Delhi: Institute of Peace & Conflict Studies. Online verfügbar unter: http://www.ipcs.org/article/southeast-asia/myanmar-and-the-west-economics-of-politics-3580.html (zuletzt abgerufen am: 11.09.2012).

Cook, Alistair D.B. (2010): Positions of responsibility: A comparison of ASEAN and EU approaches towards Myanmar, in: International Politics, 47 (3/4), 433-449.

David, Harald (2003): Die ASEAN zwischen Konflikt, Kooperation und Integration. Hamburg: Mitteilungen des Instituts für Asienkunde.

Davies, Mathew (2011): The Perils of Incoherence: ASEAN, Myanmar and the Avoidable Failures of Human Rights Socialization?, in: Contemporary Southeast Asia, 34 (1), 1-22.

Durbach, Andrea / **Renshaw**, Catherine / **Byrnes**, Andrew (2009): "A tongue but no teeth?": The emergence of a regional human rights mechanism in the Asia Pacific Region, in: Sydney Law Review, 31, 211-238.

Effner, Henning (2010): Parlamentswahlen in Burma/Myanmar. Zementierung der Militärherrschaft oder Chance auf Veränderung?, in: Friedrich Ebert Stiftung: Perspektive. Online verfügbar unter: http://library.fes.de/pdf-files/iez/07533.pdf (zuletzt abgerufen am 11.09.2012).

Effner, Henning / **Schulz**, Bastian (2012): Myanmar im Wandel. Leitet der Reformkurs von Präsident Thein Sein eine historische Zeitenwende ein?, in: Friedrich Ebert Stiftung: Perspektive. Online verfügbar unter: http://library.fes.de/pdf-files/iez/08896.pdf (zuletzt abgerufen am: 11.09.2012).

Egberink, Fenna (2010): ASEAN and the Burmese elections: What are the options?, in: EastAsia Forum. Online verfügbar unter: http://www.eastasiaforum.org/2010/11/16/asean-and-the-burmese-elections-what-are-the-options/ (zuletzt abgerufen am: 11.09.2012).

Eldridge, Philip J. (2002): The Politics of Human Rights in Southeast Asia. London & New York: Routledge.

Figge, Natalia (2011): Menschenrechte im Verband Südostasiatischer Staaten (ASEAN), in: Friedrich Ebert Stiftung: Handbuch der Menschenrechtsarbeit 2010/2011. Online verfügbar unter: http://handbuchmenschenrechte.fes.de/kapitel.php?kapitel_id=56030&text_id=24894 (zuletzt abgerufen am: 11.09.2012).

Finnemore, Martha (1993): International Organizations as Teachers of Norms: The United Nations Educational, Scientific and Cultural Organization and Science Policy, in: International Organization, 47 (4), 565-597.

Finnemore, Martha (1996): National Interests in International Society. Ithaca & London: Cornell University Press.

Finnemore, Martha / **Sikkink**, Kathryn (1998): International Norm Dynamics and Political Change, in: International Organization, 52 (4), 887-917.

Finnemore, Martha / Sikkink, Kathryn (2001): Taking Stock: The Constructivist Research Program in International Relations and Comparative Politics, in: Annual Review of Political Science, 4, 391-416.

George, Alexander L. / **Bennett**, Andrew (2005): Case Studies and Theory Development in the Social Sciences. Cambridge: The MIT Press.

Ginbar, Yuval (2010): Human Rights in ASEAN – Setting Sail or Treading Water?, in: Human Rights Law Review, 10 (3), 504-518.

Haacke, Jürgen (2005): "Enhanced Interaction" with Myanmar and the Project of a Security Community: is ASEAN Refining or Breaking with its Diplomatic and Security Culture?, in: Contemporary Southeast Asia, 27 (2), 188-216.

Haacke, Jürgen (2008): ASEAN and Political Change in Myanmar: Towards a Regional Initiative?, in: Contemporary Southeast Asia, 30 (3), 351-378.

Haacke, Jürgen (2008a): ASEAN and the Situation in Myanmar/Burma, in: Guo, Xiaolin (Hrsg.): Myanmar/Burma: Challenges and Perspectives. Institute for Security and Development Policy Sweden, 131-158.

Haacke, Jürgen (2010): The Myanmar imbroglio and ASEAN: heading towards the 2010 elections, in: International Affairs, 86 (1), 153-174.

Herdegen, Matthias (2011): Völkerrecht. 10. Auflage. München: Verlag C.H. Beck.

Hofmeister, Wilhelm (2010): Myanmar: Perspektiven des politischen Wandels, in: Konrad Adenauer Stiftung: Auslandsinformationen. Online verfügbar unter: http://www.kas.de/wf/doc/kas_20009-544-1-30.pdf?100628145333 (zuletzt abgerufen am: 11.09. 2012).

Hofmeister, Wilhelm / **Duell**, Kerstin (2012): Neubeginn in Myanmar: Die Nachwahlen im April und die Perspektiven des politischen Wandels, in: Konrad Adenauer Stiftung: Auslandsinformationen. Online verfügbar unter: http://www.kas.de/wf/de/33.31267/ (zuletzt abgerufen am: 11.09. 2012).

Hsien-Li, Tan (2011): The ASEAN Intergovernmental Commission on Human Rights. Institutionalising Human Rights in Southeast Asia. Cambridge: Cambridge University Press.

Kingston, Jeff (2008): BURMA's DESPAIR, in: Critical Asian Studies, 40 (1), 3-43.

Kraft, Herman Joseph S. (2005): Human Rights in Southeast Asia: The Search for Regional Norms, in: East-West Center Washington Working Papers, 4. Online verfügbar unter: http://www.eastwestcenter.org/sites/default/files/private/EWCWwp004.pdf (zuletzt abgerufen am: 11.09.2012).

McCarthy, Stephen (2008): BURMA AND ASEAN. Estranged Bedfellows, in: Asian Survey, 48 (6), 911-935.

Pedersen, Morten B. (2008): Promoting Human Rights in Burma. A Critique of Western Sanctions Policy. Lanham: Rowman & Littlefields.

Poole, Avery D.H. (2007): Cooperation in Contention. The Evolution of ASEAN Norms, in: YCISS Working Paper Number 44. Online verfügbar unter: http://www.yorku.ca/yciss/whatsnew/documents/WP44-Poole.pdf (zuletzt abgerufen am: 11.09. 2012).

Rahim, Lily Zubaidah (2008): Fragmented community and unconstructive engagements. Asean and Burma's SPDC Regime, in: Critical Asian Studies, 40 (1), 67-88.

Risse, Thomas (1999): International Norms and Domestic Change: Arguing and Communicative Behavior in the Human Rights Area, in: Politics & Society, 27 (4), 529-559.

Roberts, Christopher (2010): ASEAN's Myanmar Crisis. Challenges to the Pursuit of a Security Community. Singapore: Institute of Southeast Asian Studies.

Sabandar, William (2010): Cyclone Nargis and ASEAN: A Window for More Meaningful Development Cooperation in Myanmar, in: Cheesman, Nick / Skidmore, Monique / Wilson, Trevor (Hrsg.): Ruling Myanmar. From Cyclone Nargis to National Elections. Singapore: Institute of Southeast Asian Studies.

Saikia, Panchali (2010): Myanmar Elections 2010 - III: ASEAN's Ambivalence. New Delhi: Institute of Peace & Conflict Studies. Online verfügbar unter: http://www.ipcs.org/article/southeast-asia/myanmar-elections-2010-iii-aseans-ambivalence-3275.html (zuletzt abgerufen am 11.09.2012).

Schieder, Siegfried (2010): Neuer Liberalismus, in: Schieder, Siegfried / Spindler, Manuela (Hrsg.): Theorien der Internationalen Beziehungen. 3. Auflage. Opladen & Farmington Hills: Verlag Barbara Budrich, 187-222.

Schimmelfennig, Frank (2008): Internationale Politik. Paderborn: Verlag Ferdinand Schöningh.

Schmidt, Axel (2007): Die ASEAN-Charta: Viel Lärm um Nichts?, in: Friedrich Ebert Stiftung Singapur: Kurzberichte aus der internationalen Entwicklungszusammenarbeit Asien und Pazifik. Online verfügbar unter: http://library.fes.de/pdf-files/iez/05019.pdf (zuletzt abgerufen am 11.09. 2012).

Severino, Rodolfo C. (2006): Southeast Asia in Search of an ASEAN Community. Insights from the former ASEAN Secretary General. Singapore: Institute of Southeast Asian Studies.

Shekhar, Vibhanshu (2012): Polarised ASEAN: ´Reverse Enmeshment´. New Delhi: Institute of Peace and Conflict Studies. Online verfügbar unter: http://www.ipcs.org/article/india-the-world/polarised-asean-reverse-enmeshment-3685.html (zuletzt abgerufen am 11.09.2012).

Stolle, Jan Dierk (2011): Defizite und Potentiale. Der neue Menschenrechtsmechanismus innerhalb der ASEAN, in: Südostasien, 2, 11.

Than, Mya (2005): Myanmar in ASEAN. Regional Cooperation Experience. Singapore: Institute of Southeast Asian Studies.

Zöllner, Hans-Bernd (2011): After an Election and a Symbolic Re-election in Myanmar – What Next?, in: Internationales Asienforum, 42 (1-2), 47-72.

<u>Zeitungsartikel/Medienberichte:</u>

BBC News (o.V.) (2005): At-a-glance: "Outposts of tyranny", in BBC News/ Americas, 19.01.2005. Online verfügbar unter: http://news.bbc.co.uk/2/hi/americas/4187361.stm (zuletzt abgerufen am: 11.09.2012).

BBC News (o.V.) (2010): Asean diplomats give Burma "earful" over its election, in: BBC News, 20.07.2010. Online verfügbar unter: http://www.bbc.co.uk/news/world-asia-pacific-10693653 (zuletzt abgerufen am: 11.09.2012).

Chongkittavorn, Kavi (2012): Burma and Asean. Beyond electoral challenges, in: The Nation, 26.03.2012. Online verfügbar unter: http://www.nationmultimedia.com/opinion/Burma-and-Asean-beyond-electoral-challenges-30178706.html (zuletzt abgerufen am: 11.09.2012).

Focus online (o.V.) (2010): Kritik an Wahl in Birma überschattet ASEAN Gipfel, in: Focus online, 28.10.2010. Online verfügbar unter: http://www.focus.de/politik/ausland/asean-kritik-an-wahl-in-birma-ueberschattet-asean-gipfel_aid_566617.html (zuletzt abgerufen am:11.09.2012).

Günsche, Karl-Ludwig (2012): Der Gorbatschow Asiens, in: Spiegel online, 25.03.2012. Online verfügbar unter: http://www.spiegel.de/politik/ausland/wahl-in-burma-portraet-von-praesident-thein-sein-a-823332.html (zuletzt abgerufen am 11.09.2012).

President of the Republic of the Union of Myanmar Thein Sein (2012): Abdruck der Rede des Präsidenten vor dem Parlament am 01.03.2012, in: The New Light of Myanmar, 02.03.2012. Online verfügbar unter: http://www.burmalibrary.org/docs13/NLM2012-03-02.pdf (zuletzt abgerufen am: 11.09.2012).

Robertson, Phil (2012a): ASEAN: Ensure Declaration Meets Rights Standards. Genuine Consultation needed with Civil Society Groups. Human Rights Watch News, 08.07.2012. Online verfügbar unter: http://www.hrw.org/news/2012/07/08/asean-ensure-declaration-meets-rights-standards (zuletzt abgerufen am: 11.09.2012).

Robertson, Phil (2012b): Betraying human rights – Asean style. Human Rights Watch News, 14.05.2012. Online verfügbar unter: http://www.hrw.org/news/2012/05/14/betraying-human-rights-asean-style (zuletzt abgerufen am: 11.09.2012).

<u>Berichte über die Menschenrechtslage in Myanmar:</u>

Amnesty international (1997): Amnesty international Jahresbericht 1997 (Berichtsjahr 1996): Länderbericht Myanmar. Online verfügbar unter:
http://www.amnesty.de/umleitung/1997/deu03/094?lang=de%26mimetype%3dtext%2fhtml
(zuletzt abgerufen am: 11.09.2012).

Amnesty international (1998): Amnesty international Jahresbericht 1998 (Berichtsjahr 1997): Länderbericht Myanmar. Online verfügbar unter:
http://www.amnesty.de/umleitung/1998/deu03/135?lang=de&mimetype=text/html&destination=suche%3Fpage%3D9%26words%3Dthailand%26form_id%3Dai_search_form_block
(zuletzt abgerufen am: 11.09.2012).

Amnesty international (1999): Amnesty international Jahresbericht 1999 (Berichtsjahr 1998): Länderbericht Myanmar. Online verfügbar unter:
http://www.amnesty.de/umleitung/1999/deu03/071?lang=de%26mimetype%3Dtext%2Fhtml
(zuletzt abgerufen am: 11.09.2012).

Amnesty international (2000): Amnesty international Jahresbericht 2000 (Berichtsjahr 1999): Länderbericht Myanmar. Online verfügbar unter:
http://www.amnesty-seamran.de/myanmar/berichte/myan_ai_jahresbericht_2000.html
(zuletzt abgerufen am: 11.09.2012).

Amnesty international (2002): Amnesty international Jahresbericht 2002 (Berichtsjahr 2001): Länderbericht Myanmar. Online verfügbar unter:

http://www.amnesty.de/umleitung/2002/deu03/086?lang=de%26mimetype%3dtext%2fhtml (zuletzt abgerufen am: 11.09.2012).

Amnesty international (2003): Amnesty international Jahresbericht 2003 (Berichtsjahr 2002): Länderbericht Myanmar. Online verfügbar unter: http://www.amnesty.de/umleitung/2003/deu03/087?lang=de%26mimetype%3dtext%2fhtml (zuletzt abgerufen am: 11.09.2012).

Amnesty international (2004): Amnesty international Jahresbericht 2004 (Berichtsjahr 2003): Länderbericht Myanmar. Online verfügbar unter: http://www.amnesty.de/umleitung/2004/deu03/086?lang=de%26mimetype%3dtext%2fhtml (zuletzt abgerufen am: 11.09.2012).

Amnesty international (2005): Amnesty international Jahresbericht 2005 (Berichtsjahr 2004): Länderbericht Myanmar. Online verfügbar unter: http://www.amnesty.de/umleitung/2005/deu03/087?lang=de%26mimetype%3dtext%2fhtml (zuletzt abgerufen am: 11.09.2012).

Amnesty international (2006): Amnesty international Jahresbericht 2006 (Berichtsjahr 2005): Länderbericht Myanmar. Online verfügbar unter: http://www.amnesty.de/umleitung/2006/deu03/095?lang=de%26mimetype%3dtext%2fhtml (zuletzt abgerufen am: 11.09.2012).

Amnesty international (2007): Amnesty international Jahresbericht 2007 (Berichtsjahr 2006): Länderbericht Myanmar. Online verfügbar unter: http://www.amnesty.de/umleitung/2007/deu03/093?lang=de%26mimetype%3dtext%2fhtml (zuletzt abgerufen am: 11.09.2012).

Amnesty international (2009): Amnesty international Jahresbericht 2009 (Berichtsjahr 2008): Länderbericht Myanmar. Online verfügbar unter: http://www.amnesty.de/jahresbericht/2009/myanmar (zuletzt abgerufen am: 11.09.2012).

Amnesty international (2010): Amnesty international Jahresbericht 2010 (Berichtsjahr 2009): Länderbericht Myanmar. Online verfügbar unter: http://www.amnesty.de/jahresbericht/2010/myanmar (zuletzt abgerufen am: 11.09.2012).

Amnesty international (2011): Amnesty international Jahresbericht 2011 (Berichtsjahr 2010): Länderbericht Myanmar. Online verfügbar unter: http://www.amnesty.de/jahresbericht/2011/myanmar (zuletzt abgerufen am: 11.09.2012).

Amnesty international (2012a): Revisiting human rights in Myanmar. Reisebericht einer Amnesty international Delegation im Frühjahr 2012, 25.05.2012. Online verfügbar unter: http://www.amnesty.org/en/library/asset/ASA16/003/2012/en/91d4e4c9-430e-42cb-ae53-a5897337ada6/asa160032012en.html (zuletzt abgerufen am: 11.09.2012).

Amnesty international (2012b): Amnesty international Jahresbericht 2012 (Berichtsjahr 2011): Länderbericht Myanmar. Online verfügbar unter: http://www.amnesty.de/jahresbericht/2012/myanmar (zuletzt abgerufen am:11.09.2012).

Amnesty international (2012c): Myanmar: Abuses against Rohingya erode human rights progress. Amnesty international, 19.07.2012. Online verfügbar unter: http://www.amnesty.org/en/news/myanmar-rohingya-abuses-show-human-rights-progress-backtracking-2012-07-19 (zuletzt abgerufen am: 11.09.2012).

ICG Crisis Watch (2011/2012): International Crisis Group Crisis Watch Database. Myanmar / Februar 2011 – September 2012. Online verfügbar unter: http://www.crisisgroup.org/en/publication-type/crisiswatch/crisiswatch-database.aspx (zuletzt abgerufen am: 11.09.2012).

ICG (2012): Reform in Myanmar: One Year on. International Crisis Group Asia Briefing No 136. Online verfügbar unter: http://www.crisisgroup.org/~/media/Files/asia/south-east-asia/burma-myanmar/b136-reform-in-myanmar-one-year-on.pdf (zuletzt abgerufen am: 11.09.2012).

UN (2012): Progress report of the Special Rapporteur on the situation of human rights in Myanmar, Tomás Ojea Quintana. Human Rights Council, 19th session, agenda item 4. 07.03.2012. Online verfügbar unter: http://daccess-dds-ny.un.org/doc/UNDOC/GEN/G12/116/04/PDF/G1211604.pdf?OpenElement (zuletzt abgerufen am: 11.09.2012).

ASEAN Dokumente:

ASEAN Chairman's Statement of the 11th ASEAN Summit (2005): One Vision, one Identity, one Community. Kuala Lumpur, 12.12.2005. Online verfügbar unter: http://www.aseansec.org/18039.htm (zuletzt abgerufen am: 11.09.2012).

ASEAN Chairman's Statement of the 16th ASEAN Summit (2010): Towards the ASEAN Community: from Vision to Action. Ha Noi, 09.04.2010. Online verfügbar unter: http://www.aseansec.org/24509.htm (zuletzt abgerufen am: 11.09.2012).

ASEAN Chairman's Statement of the 17th ASEAN Summit (2010): Towards the ASEAN Community: from Vision to Action. Ha Noi, 28.10.2010. Online verfügbar unter: http://www.aseansec.org/25452.htm (zuletzt abgerufen am: 11.09.2012).

ASEAN Chairman's Statement of the 19th ASEAN Summit (2011): ASEAN Community in a Global Community of Nations. Jakarta, 18.11.2011. Online verfügbar unter: http://www.aseansec.org/documents/19th%20summit/CS.pdf (zuletzt abgerufen am: 11.09.2012).

ASEAN Chairman's Statement of the 20th ASEAN Summit (2012): ASEAN. One Community, One Destiny. Phnom Penh, 04.04.2012. Online verfügbar unter: http://www.aseansec.org/documents/20th%20summit/FINAL%20Chairman%20Statement1330.pdf (zuletzt abgerufen am: 11.09.2012).

ASEAN Chairman's Statement on Myanmar (2007): Informal Working Dinner, Singapur, 19.11.2007. Online verfügbar unter: www.aseansec.org/21057 (zuletzt abgerufen am: 11.09.2012).

ASEAN Chairman's Statement on Myanmar (2009): Chairman's Statement on Myanmar. Ministry of Foreign Affairs of Thailand, 19.05.2009. Online verfügbar unter: http://www.aseansec.org/PR-ASEANChairmanStatementonMyanmar.pdf (zuletzt abgerufen am: 11.09.2012).

ASEAN Charter (2007): Charter of the Association of Southeast Asian Nations. Singapur, 20.11.2007. Online verfügbar unter: http://www.aseansec.org/21069.pdf (zuletzt abgerufen am: 11.09.2012).

ASEAN Joint Communiqué of the 26th ASEAN Ministerial Meeting (1993): Singapur, 23-24.07.1993. Online verfügbar unter: http://www.aseansec.org/2009.htm (zuletzt abgerufen am: 11.09.2012).

ASEAN Joint Communiqué of the 31st ASEAN Ministerial Meeting (1998): Manila, 24-25.07.1998. Online verfügbar unter: http://www.aseansec.org/3661.htm (zuletzt abgerufen am: 11.09.2012).

ASEAN Joint Communiqué of the 32nd ASEAN Ministerial Meeting (1999): Singapur, 23-24.07.1999. Online verfügbar unter: http://www.aseansec.org/3845.htm (zuletzt abgerufen am: 11.09.2012).

ASEAN Joint Communiqué of the 33rd ASEAN Ministerial Meeting (2000): Bangkok, 24-25.07.2000. Online verfügbar unter: http://www.aseansec.org/595.htm (zuletzt abgerufen am: 11.09.2012).

ASEAN Joint Communiqué of the 34th ASEAN Ministerial Meeting (2001): Ha Noi, 23-24.07.2001. Online verfügbar unter: http://www.aseansec.org/3658.htm (zuletzt abgerufen am: 11.09.2012).

ASEAN Joint Communiqué of the 36th ASEAN Ministerial Meeting (2003): Phnom Penh, 16-17.06.2003. Online verfügbar unter: http://www.aseansec.org/14880.htm (zuletzt abgerufen am: 11.09.2012).

ASEAN Joint Communiqué of the 38th ASEAN Ministerial Meeting (2005): Towards the Harmony, Dynamism and Integration of ASEAN. Vientiane, 25.07.2005. Online verfügbar unter: http://www.aseansec.org/18781.htm (zuletzt abgerufen am 11.09.2012).

ASEAN Joint Communiqué of the 39th ASEAN Ministerial Meeting (2006): Forging a United, Resilient and Integrated ASEAN. Kuala Lumpur, 25.07.2006. Online verfügbar unter: http://www.aseansec.org/18782.htm (zuletzt abgerufen am: 11.09.2012).

ASEAN Joint Communiqué of the 40th ASEAN Ministerial Meeting (2007): One Caring and Sharing Community. Manila, 29-30.07.2007. Online verfügbar unter: http://www.aseansec.org/21785.htm (zuletzt abgerufen am: 11.09.2012).

ASEAN Joint Communiqué of the 41st ASEAN Ministerial Meeting (2008): One ASEAN at the Heart of Dynamic Asia. Singapur, 21.07.2008. Online verfügbar unter: http://www.aseansec.org/21784.htm (zuletzt abgerufen am: 11.09.2012).

ASEAN Joint Communiqué of the 43rd ASEAN Foreign Ministers' Meeting (2010): Enhanced Efforts towards the ASEAN Community: from Vision to Action. Ha Noi, 19.07.2010. Online verfügbar unter: http://www.aseansec.org/24899.htm (zuletzt abgerufen am: 11.09.2012).

ASEAN Joint Communiqué of the 44th ASEAN Foreign Ministers' Meeting (2011): ASEAN Community in a Global Community of Nations. Bali, 19.07.2011. Online verfügbar unter: http://www.aseansec.org/documents/44thAMM-PMC-18thARF/44thAMM-JC.pdf (zuletzt abgerufen am 11.09.2012).

ASEAN Vision 2020 (1997): ASEAN Vision 2010. 2nd ASEAN Informal Summit, Kuala Lumpur, 14-16.12.1997. Online verfügbar unter: http://www.aseansec.org/1814.htm (zuletzt abgerufen am: 11.09.2012).

Bangkok Declaration (1967): The ASEAN Declaration (Bangkok Declaration). Bangkok, 08.08.1967. Online verfügbar unter: http://www.aseansec.org/1629.htm (zuletzt abgerufen am: 11.09.2012).

Ha Noi Plan of Action (1998): Ha Noi Plan of Action. 6th ASEAN Summit, Ha Noi, 15-16.12.1998. Online verfügbar unter: http://www.aseansec.org/687.htm (zuletzt abgerufen am: 11.09.2012).

Press release by the ASEAN Secretariat (2010): ASEAN Chair issues Statement on Myanmar Elections, 11.11.2010. Online verfügbar unter http://www.aseansec.org/25580.htm (zuletzt abgerufen am: 11.09.2012).

Press release by the ASEAN Secretariat (2012a): Myanmar Invites ASEAN Secretariat, ASEAN Member States and the Media to Observe April By-Election, 20.03.2012. Online verfügbar unter: http://www.aseansec.org/25722.htm (zuletzt abgerufen am: 11.09.2012).

Press release by the ASEAN Secretariat (2012b): ASEAN Secretary-General encourages by Ongoing Myanmar By-Elections Efforts, 30.03.2012. Online verfügbar unter: http://www.aseansec.org/26827.htm (zuletzt abgerufen am: 11.09.2012).

Press release by the ASEAN Secretariat (2012c): ASEAN welcomes Myanmar's Fair and Orderly Elections, and Calls for Lifting of Sanctions, 03.04.2012. Online verfügbar unter: http://www.aseansec.org/26837.htm (zuletzt abgerufen am: 11.09.2012).

Press release by the ASEAN Secretariat (2012d): ASEAN heeds concerns for the Rohingya tension, 13.07.2012. Online verfügbar unter: http://www.aseansec.org/27066.php (zuletzt abge-rufen am: 11.09.2012).

Press release by the ASEAN Secretariat (2012e): New Permanent Representative of Republic of the Union of Myanmar Presents Letter of Credentials to ASEAN, 09.08.2012. Online verfügbar unter: http://www.asean.org/27084.php (zuletzt abgerufen am: 11.09.2012).

Press Statement by the Chairperson of the 9th ASEAN Summit (2003): Press Statement by the Chairperson of the 9th ASEAN Summit and the 7th ASEAN+3 Summit. Bali, 7.10.2003. Online verfügbar unter: http://www.aseansec.org/15259.htm (zuletzt abgerufen am: 11.09.2012).

Statement by ASEAN Chair Singapore's Minister for Foreign Affairs George Yeo (2007): New York, 27.09.2007. Online verfügbar unter: http://www.aseansec.org/20974.htm (zuletzt abgerufen am: 11.09.2012).

Statement of the ASEAN Foreign Ministers on the Recent Developments in the Rakhine State (2012): Phnom Penh, 17.08.2012. Online verfügbar unter:

http://www.aseansec.org/documents/Statement%20of%20ASEAN%20FM%20on%20Recent%20Developments%20in%20the%20Rakhine%20State.pdf (zuletzt abgerufen am 11.09.2012).

TOR of the AICHR (2009): ASEAN Intergovernmental Commission on Human Rights - Terms of Reference. Online verfügbar unter: http://www.aseansec.org/publications/TOR-of-AICHR.pdf (zuletzt abgerufen am: 11.09.2012).

Treaty of Amity and Cooperation (1976): Treaty of Amity and Cooperation in Southeast Asia. Indonesia, 24.02.1976. Online verfügbar unter: http://www.aseansec.org/1217.htm (zuletzt abge-rufen am: 11.09.2012).

Vientiane Action Programme (2004): Vientiane Action Programme 2004-2010 plus Annex. Vientiane, 29.11.2004. Online verfügbar unter: http://www.aseansec.org/VAP-10th%20ASEAN%20Summit.pdf (zuletzt abgerufen am: 11.09.2012).

Weitere Primärquelle:

Vertrag über die Europäische Union (2010): Konsolidierte Fassung des Vertrags über die Europäische Union nach Amtsblatt C83 vom 30.03.2010. Online verfügbar unter: http://eur-lex.europa.eu/LexUriServ/LexUriServ.do?uri=OJ:C:2010:083:0013:0046:DE:PDF (zuletzt abgerufen am: 11.09.2012).

Abkürzungsverzeichnis

ADHR	ASEAN Declaration of Human Rights
AICHR	ASEAN Intergovernmental Commission on Human Rights
ASEAN	Association of Southeast Asian Nations
EAS	East Asian Summit
EU	Europäische Union
NLD	National League for Democracy
SLORC	State Law and Order Restauration Council
SPDC	State Peace and Development Council
UN	United Nations
UNESCO	United Nations Educational Scientific and Cultural Organization
USDP	Union Solidarity and Development Party